臺灣歷史與文化_{研究輯刊}

十二編

第6冊

臺灣木刻糕餅印模造型與圖案之研究

陳玉玲 著

花木蘭文化事業有限公司

國家圖書館出版品預行編目資料

臺灣木刻糕餅印模造型與圖案之研究／陳玉玲 著 — 初版 —
新北市：花木蘭文化事業有限公司，2017〔民 106〕
目 10+166 面；19×26 公分
（臺灣歷史與文化研究輯刊十二編：第 6 冊）
ISBN 978-986-485-162-1（精裝）
1. 民俗藝術 2. 圖案 3. 臺灣
733.08   106014103

臺灣歷史與文化研究輯刊
十二編　第 六 冊　　　　ISBN：978-986-485-162-1

臺灣木刻糕餅印模造型與圖案之研究

作　　者　陳玉玲
總 編 輯　杜潔祥
副總編輯　楊嘉樂
編　　輯　許郁翎、王筑　美術編輯　陳逸婷
出　　版　花木蘭文化事業有限公司
社　　長　高小娟
聯絡地址　235 新北市中和區中安街七二號十三樓
　　　　　電話：02-2923-1455／傳真：02-2923-1452
網　　址　http://www.huamulan.tw 信箱 hml810518@gmail.com
印　　刷　普羅文化出版廣告事業
初　　版　2017 年 9 月
全書字數　93446 字
定　　價　十二編 13 冊（精裝）台幣 26,000 元　　版權所有·請勿翻印

臺灣木刻糕餅印模造型與圖案之研究

陳玉玲　著

作者簡介

現職爲台北市立成淵高級中學美術專任教師、曾任台北市高中美術科輔導團輔導教師，致力於美術藝術教育工作與台灣傳統民間藝術的研究。

國立臺灣藝術大學雕塑學系畢業，主修傳統木作雕刻創作
指導教授：師王慶台教授、師沈明旺老師

國立台北大學民俗藝術研究所畢業
論文主題：臺灣木刻糕餅印模造型與圖案之分析與研究
指導教授：謝潮儀教授、陳元義教授
田野調查指導：俞美霞所長
日文指導：張勝彥所長、蔡明興教授

擔任臺灣藝術大學師資培育中心、台北藝術大學師資培育中心美術科教材教法指導教師，並致力於與台北當代藝術館（Museum of Contemporary Art, Taipei）館校合作，推廣美術教育與推動學生參與美術展覽。近期更致力於膠彩畫（Nihonga）與書法藝術創作。

館校合作展覽經歷：
2011 年 一起秀時尚——書包製服大改造創作展
2012 年 夢境花園——紙雕光影藝術創作展
2013 年 當偶們同在一起——木工創作與逐格動畫創作展
2014 年 秘境花園——中山捷運站線行公園大型公共藝術創作展
2015 年 台灣是我家有喜有悲——參與香港又一山人藝術創作展覽
2016 年 解構城市——金工設計創意藝術創作展
2017 年 藝想啓動——服裝設計藝術創作展

個人藝術創作展覽經歷：
1999 年 吉光片羽——雕塑與複合媒材藝術創作展
2000 年 上邪——雕塑與複合媒材藝術創作展
2017 年 日本松宮書法館——臺日書法家、書法藝術交流聯展
2017 年 日本松宮書法館——東亞佛教書畫交流聯展

提　　要

　　本研究旨在探討臺灣木刻糕餅印模造型與圖案豐富寓含及多樣象徵之藝術性。故本研究之目的有二：

　　（一）本研究之目的係探討具有民間信仰習俗及圖案意涵、造型的木刻粿糕餅印模之造型與圖案。

　　（二）實際進行田野調查訪談記錄，在全臺灣目前還有從事木刻糕餅印模雕刻的師傅做一番深入調查與分析，勾勒出臺灣傳統民間的吉祥文化的內涵與多樣藝術造型的考據與詮釋，進而比較分析暨展望臺灣糕餅印模手工藝術的圖案與造型。

　　為達研究目的，首先進行文獻研究，以便了解「民俗藝術」、「木刻藝術」、「糕餅印模」、「歲時節慶」之理論與相關研究，作為編擬及訪問匠師田野調查的理論基礎，以及研究結果分析與討論的依據。最後依訪問匠師田野調查訪談之結果、國內外相關案例之作品和學理上的論點，予以綜合分析，獲得以下結論：

　　（一）在本研究中以田野調查的角度觀察，了解木刻糕餅粿印模其內容造型、圖案源由、圖案結構、裝飾紋飾、雕刻技法、製作方式、木頭材質、構圖觀念、雕刻師傅的師承流派、師承方式的差異，幾乎每一粿糕餅模皆獨具特色。

　　（二）木刻糕餅印模深具古樸之美，其雕刻紋飾無論是人物故事、花鳥器物、文字天象，為因應吉祥喜慶的需求，而顯現樂觀積極的紋飾特性，反映出人們心中對生命繁衍、幸福圓滿的寄望。

　　（三）在訪問各位匠師與收藏家的過程中，深刻的了解到民間雕刻工藝之發展，無論是技巧的發展或構圖內容，這些融於生活體態中的文化體質，是值得今天特別去注意與關懷。

　　（四）筆者認為傳統手工雕刻之糕餅印模雖具有高度藝術價值卻不被大眾重視，任由粿印文物遭毀壞或賤價出售，加上無論公私收藏之粿印，皆僅做到展示而未達到教育、推廣之功能，尤其在學校、社會、家庭的鄉土文化教育中，並未注重藝術與生活的融合，致使絕大多數的民眾無法認識珍惜粿糕餅文化之美。

　　基於上述之結論，本研究對臺灣木刻糕餅印模造型與圖案未來之發展，提出以下幾點建議：

一、政府能妥善運用政策並規畫出傳統手工藝術的中心，為傳統與現代之間尋得一個傳承

二、整合熱心匠師與收藏家的力量，做好橫向聯繫

三、結合民間宗教信仰與年節文化，廣泛運用媒體，行銷臺灣木刻糕餅印模的特色

四、以開闊的胸襟，廣納各方文化，使臺灣木刻糕餅印模藝術在傳統中展現新生機

五、臺灣木刻糕餅印模之產品應給予更多創意，使之生動活潑又吸引民眾關注

六、臺灣木刻糕餅印模應建立相關文獻資料庫保存與成立糕餅文化博物館推廣

目次

表目次

第壹章　緒　論

第一節　研究動機與目的

一、研究動機

　　民間雕刻工藝之發展，是一直呈現豐富且多樣的外貌，而在藝術的範疇中，民間工藝一向扮演著和民眾生活息息相關的角色。而民間工藝之不同於純藝術，其最重要的差別在於「實用性」，實用的基礎，必然有用者使用之，更淺顯地說，民間工藝的從事者，一向是依存在實際的生活上，與任何純藝術裏崇尚自由創作能為藝術而藝術應當是最大的差別。

　　而許多民間師傅的工藝創作及作品不僅是供餬口的工作，也是表現他個人的個性、意志的工具，並且在時間的洪流中，以作品無聲的表現出時代的精神。無論是技巧的發展或構圖內容，這些融於生活體態中的文化體質，是值得今天特別去注意與關懷。

　　糕餅印模便是其中一項，糕餅印模是印製糕餅粿食的器具，器具上雕有許多象徵吉祥富貴的紋飾，其樣式豐富，造形樸實可愛，不僅反映臺灣的民俗文化，也反映臺灣的民間工藝。粿印、糕印、餅印及糖塔模子，都是臺灣傳統的飲食祭祀器物，在臺灣已流行數百年；儘管在現代，它們有些已消失不用（如糖塔模子），或衰落式微（如糕餅印），不過它們在民間社會長時間的存在，不僅代表著臺灣民間悠久的飲食文化，並且反映豐美的民俗信仰、節慶生活、禮儀往來；同時也顯現藝術與生活結合為一的傳統風格。

早期的社會裏，粿、糕餅印模就是我們的日常生活中的一部份（圖1-1-1、圖 1-1-2），詎料如今大部份的物品都已由工業生產所取代。手工藝是傳統經濟和農業社會的產物，不但與人類的生活息息相關，對於當時社會的發展也有很大的貢獻。甚至是人類文明眞實的歷史紀錄，生動自然地流露了

圖1-1-1：年節挨粿　　　　　　　圖1-1-2：婚禮用菓子的紋樣

資料來源：民俗臺灣，年節挨粿，立石鐵臣，　　資料來源：民俗臺灣表紙，婚禮用菓子的紋
第二卷下第十號。　　　　　　　　　　　　　　樣，立石鐵臣，第三卷第一號。

圖1-1-3：廚房　　　　　　　　　圖1-1-4：竈

資料來源：民俗臺灣表紙，廚房，立石鐵臣，　　資料來源：民俗臺灣表紙，竈，立石鐵臣，
第一卷第八號。　　　　　　　　　　　　　　　第二卷第十二號。

人與人之間的眞誠和情感。在手工藝興盛的時代，一件產品的完成，常常是要經由作者與使用者溝通才能製作，道地的量身訂作作品。這份眞實感情的溝通，使這些手工藝品除了實用的價值外，還隱含了濃濃的人情味。而在現有文獻中少有本論文主題之相關深入研究，故有本研究臺灣木刻糕餅印模造型與圖案之主題產生。

故本研究所稱「糕餅」印模，係指具有傳統式樣與風格的木刻糕餅印製器具。而所指的「糕餅印模」並不限於糕模和餅模，還包含粿模和糖塔印模，研究對象以內含雕刻紋飾或塑形為主要目的之糕餅印模為主，不包括在製作糕餅時或製成後，額外加蓋的紅色凸印紋樣。

二、研究目的

綜合上所述：故本研究之目的有二：

（一）本研究之目的係探討具有民間信仰習俗及圖案意涵、造型的木刻粿糕餅印模之造型與圖案，尤其是在藝術方面有豐富寓含及多樣象徵意義之藝術造型及圖案。

（二）實際進行田野調查訪談記錄，在全臺灣目前還有從事木刻糕餅印模雕刻的師傅做一番深入調查與分析，勾勒出臺灣傳統民間的吉祥文化的內涵與多樣藝術造型的考據與詮釋，進而比較分析暨展望臺灣糕餅印模手工藝術的圖案與造型。

第二節　研究方法與流程

一、研究方法

（一）文獻研究

本研究是以木刻粿餅糕糖塔印模為例，探討臺灣木刻藝術本質，因此使用文獻研究法來蒐集臺灣刊行與木刻藝術、糕餅印模、歲時節慶、民俗禮儀相關的文獻資料，範圍是以近、現代臺灣（1941 年～2006 年）為主要記錄對象出版的相關書籍文獻。

筆者從各式各樣的方志、工藝、民藝、民俗藝術、手工藝術的相關書籍文獻中閱讀為主，以日治時期之有關民俗藝術調查報告、個人著作為輔，即以第一手資料之文獻資料的掌握，希冀更貼近臺灣民間手工藝術的本質。為

求資料蒐集的充實，本研究者前往中央研究院、國家圖書館、中央圖書館臺灣分館、國史館臺灣文獻館、臺灣大學圖書館等重要學術機構及圖書館蒐集相關出版之報刊、雜誌、調查資料及個人著作。

從這些書籍文獻中搜尋相關的記錄，於本研究中作為分析論述時的文獻資料，蒐集資料後，必須使用方法來加以分析、歸納與整理文獻記載的資料，當中所蘊含的思想觀念與功能作用。除了資料的蒐集以外，必須透過「研究流程圖」（圖 1-2-1）、「研究架構圖」（圖 1-2-2）歸納與分析的整理，對粿糕餅糖塔印模與其在民間禮俗上的運用情形，有一定程度的認識與瞭解。並藉由文獻資料，分析糕餅印模產生的背景意義、木刻糕餅印模的起源、在臺灣的發展概況與其所蘊涵的民俗意義。

（二）田野調查

田野調查研究法，也是本研究需借助的研究方法。此研究方法的使用，乃是在彌補資料文獻記載不足的地方。透過實地的採訪，與文獻彼此互相對照，進行研究對象之調查，建立訪談對象的基本資料。

運用「田野調查訪談表」（附錄一）、「店家及師傅田調問卷 I」（附錄二）、「店家及師傅田調問卷店 II」（附錄三）「糕餅印模文物登錄表」、「工具表」、「製作方法與過程調表」、「作品分析表」、「文物收藏家田調問卷 I」實地蒐集、記錄糕餅印模的實物資料，以訪談的方式記錄印模雕刻師傅的工作及其生活，田野調查方式真實得呈現。在田野調查中，除了以文字方式加以記錄外，亦將採取錄音、攝影和繪圖補充等方式，使本研究的記錄更趨完善。

（三）案例分析

從國內與美國、日本、大陸的文獻及參考資料中搜尋相關的記錄，以作為分析論述時的案例分析資料，蒐集資料後，必須使用方法來加以分析、歸納與整理國內外文獻記載的資料，當中所蘊含的思想觀念與功能作用。

透過以上文獻研究所具有的基礎認識和田野調查中所獲得糕餅印模資料，分析歸納和彙整傳統木製糕餅印模的樣式與種類。研究過程中，將運用糕餅印模的雕刻紋飾、形制種類與材質特色等來進行圖像分析，用分析、歸納傳統木刻糕餅印模所具有的特徵，最後利用造型與圖案比較，探討傳統木刻糕餅印模與現今糕餅印模的差異及其他相關藝術之間的關係。

二、研究流程

圖 1-2-1：研究流程圖

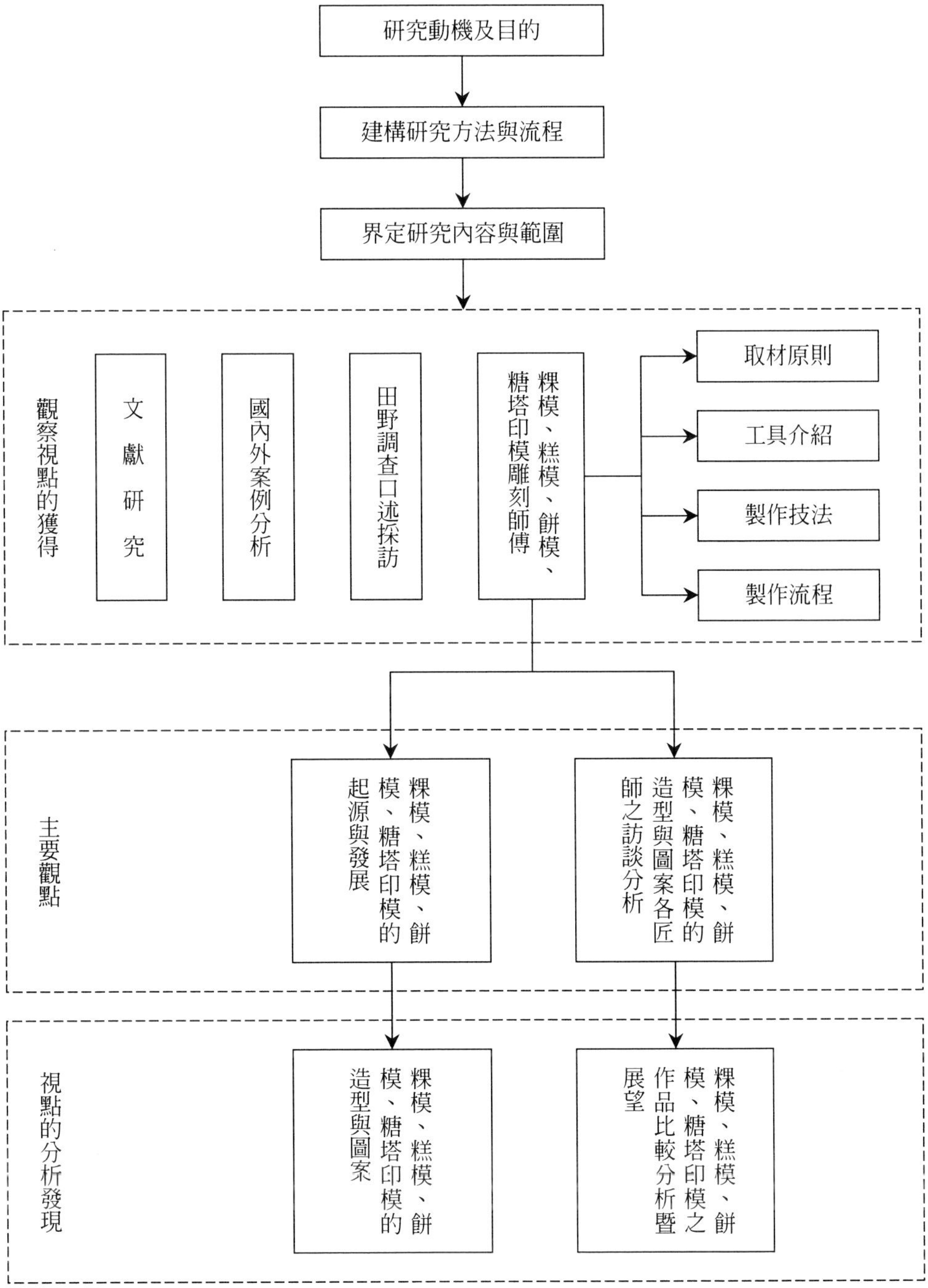
研究動機及目的
建構研究方法與流程
界定研究內容與範圍
觀察視點的獲得
文獻研究
國內外案例分析
田野調查口述採訪
粿模、糕模、餅模、糖塔印模雕刻師傅
取材原則
工具介紹
製作技法
製作流程
主要觀點
粿模、糕模、餅模、糖塔印模的起源與發展
粿模、糕模、餅模、糖塔印模的造型與圖案各匠師之訪談分析
視點的分析發現
粿模、糕模、餅模、糖塔印模的造型與圖案
粿模、糕模、餅模、糖塔印模之作品比較分析暨展望

圖 1-2-2：研究架構圖

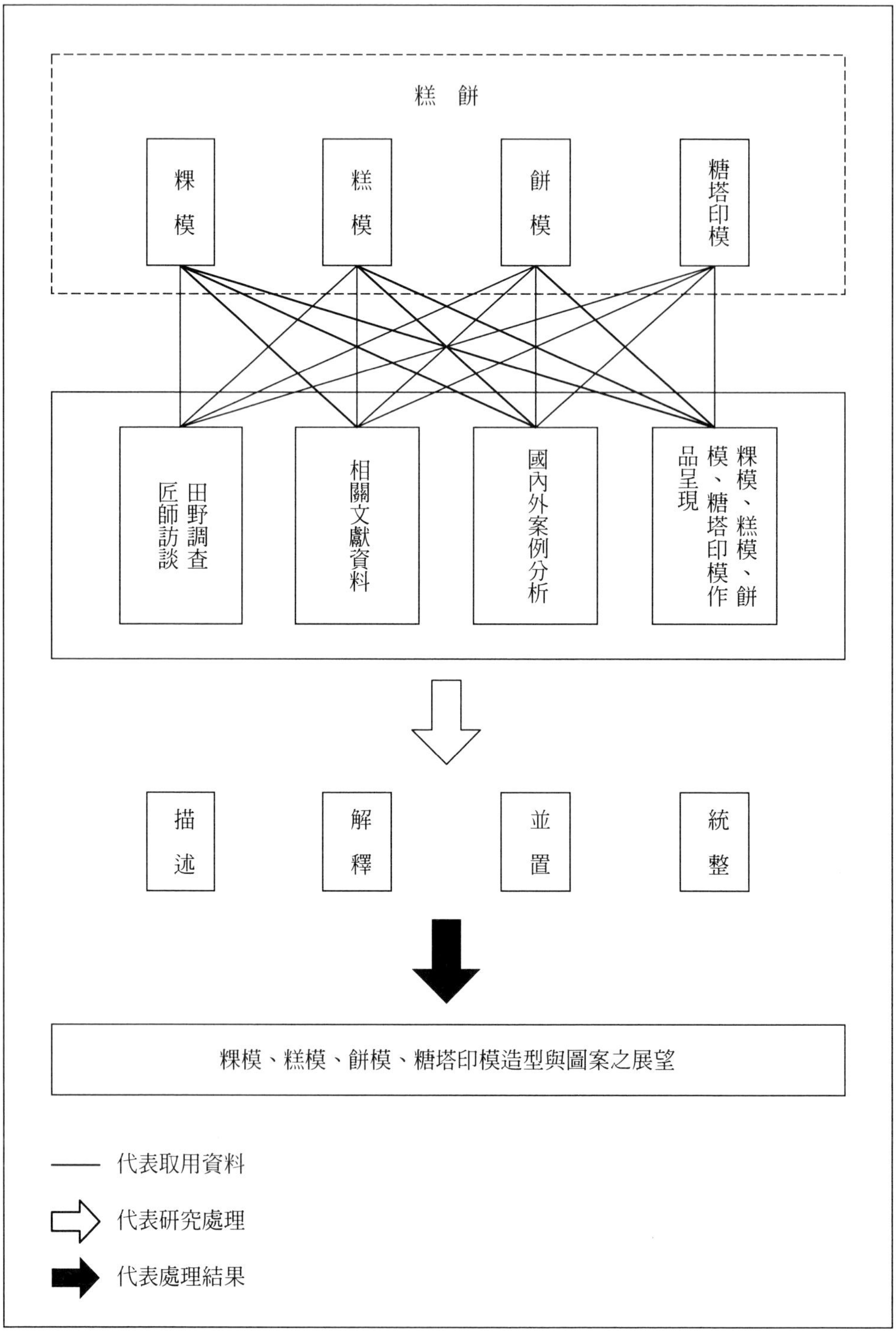

糕　餅

| 粿模 | 糕模 | 餅模 | 糖塔印模 |

田野調查匠師訪談　相關文獻資料　國內外案例分析　粿模、糕模、餅模、糖塔印模作品呈現

描述　解釋　並置　統整

粿模、糕模、餅模、糖塔印模造型與圖案之展望

——　代表取用資料

⇨　代表研究處理

➡　代表處理結果

第三節　研究範圍與內容

一、研究範圍

本研究主題為傳統木刻糕餅印模，所謂的「傳統木刻糕餅印模」是指具有傳統式樣與風格的木刻糕餅印製器具。而所指的「糕餅印模」並不限於糕模和餅模，還包含粿模和糖塔印模，研究對象以內含雕刻紋飾或塑形為主要目的之糕餅印模為主，不包括在製作糕餅時或製成後，額外加蓋的紅色凸印紋樣。

二、研究內容

本研究之內容分為七章，每章加以說明所含之項目，闡述每個環節的程序及內容，並加以綜合歸納整理。分述如下：

（一）第壹章　緒論

本章主要說明本研究之研究動機與目的、闡述研究方法與流程、確立研究內容與範圍等。

（二）第貳章　相關文獻探討

本章將針對文化起源與歲時節慶、糕餅印模與民俗意涵、印模造型及圖案與民俗藝術等相關文獻進行探討；並引用造型與圖案的相關研究理論，應用於本文之中。

（三）第參章　國內外相關案例分析

本章將先對國內外數個相關案例作一詳述，再依據相關理論基礎的探討，提供本研究做為參考。

（四）第肆章　臺灣木刻糕餅印模的發展

本章將並利用蒐集整理以糕餅印模為主的文獻、期刊、博碩士論文等資料，加上與糕餅印模木刻師傅及糕餅印模收藏家深入訪談，探討糕餅印模的起源與發展歷程，並對糕餅印模中所蘊涵的民俗藝術做一完整調查，期望能夠奠定糕餅印模民俗資源的基礎。

（五）第伍章　臺灣木刻糕餅印模造型與圖案各匠師之訪談分析

本章將實際深入拜訪林德金師傅、游有義師傅、鄭永斌師傅、游有成師傅以訪談的方式，描述現今全臺灣還在從事木製粿糕餅、糖塔印模雕刻的師

傳做一番深入調查與整理記錄，木刻粿糕餅糖塔印模師傅的工作及其生活，以田野調查方式真實地呈現臺灣手工藝術本質，並透過木刻粿糕餅、糖塔印模雕刻的師傅，勾勒出臺灣傳統民間的吉祥文化的內涵與多樣藝術造形的考據與詮釋。

（六）第陸章　臺灣木刻糕餅印模造型與圖案各匠師之作品比較分析暨展望

本章將以田野調查的方式與工藝美學的角度觀察分析，傳統臺灣民間社會所使用的木刻糕餅粿印模都是經過手工雕製，其各匠師之作品內容造型、圖案源由、圖案結構、裝飾紋飾、雕刻技法、製作方式、木頭材質、構圖觀念、雕刻師傅的師承流派、師承方式的差異，將各匠師之作品做一番比較分析暨展望。

（七）第柒章　結論與建議

本章內容依據研究結果與相關問題加以綜合論述，提出研究的結論、建議及撿檢討，以及後續的研究方向。

第貳章　相關文獻探討

第一節　文化起源與歲時節慶

一、文化起源（表 2-1-1）

　　從文化起源方面的角度，描述木刻粿餅糕、糖塔印模呈現多方說明。在本節文獻的內容中許多學者以實地田野調查資料做為出發，所以可以充分體會臺灣地區各地龜祭活動的情況（圖 2-1-1、圖 2-1-2），也是歷史的見證，可與古代的學術典籍相對照，達到學理與實務並重的效果，對於瞭解臺灣龜祭文化、糕餅印模文化起源助益頗大。

表 2-1-1：糕餅印模文化起源之相關文獻表

作者（年代）	內　　　　　容
廖漢臣（1973）	1. 「乞時」或「乞龜」亦為元宵燈一項古老的習俗，「澎湖廳志」有：「男婦求嗣者，在神前祈杯（神），求得花一枝或麵龜一個：云云」清末新竹陳朝龍的「竹塹竹枝詞」有「詠上元夜」描述：「鐙市煌煌一道開，人多處玉成堆；就中無數嬌癡女為祝添丁逐隊來。」陳詩並附註云：「上元夜，婦女向神前求乞香花燈果，以十宜男，得如願者，來歲各加所乞加倍酬神。」可見此俗並非澎湖特有「乞花」的由來。 2. 「乞龜」，「南史」說：「陳武帝章皇后母蘇，嘗遇道士以小龜遺己，曰三年方有；徵及期后生，紫光照室，因失龜所在。乞龜求嗣，似是淵源於此。還有龜是靈物」神前用神龜、靈龜，以乞求，古人不但有乞龜求嗣，也有乞龜求財求壽的習俗。在第七節寒食與清明節中講到「培墓」時要用紅龜、麵粿、碗糕粿去祭墓〔註1〕。

〔註 1〕廖漢臣《臺灣的年節》，南投：臺灣省文獻委員會，1973 年。

宋龍飛（1985）	1. 宋龍飛在《從民俗中探尋龜祭文化的根》本篇文章資料的蒐集是作者於民國五十六年至五十八年間擔任凌純聲教授助理時，對臺灣地區有關龜祭活動田野資料的整理。因此，本篇文章可說是凌純聲教授《中國與大洋洲龜祭文化》一書田野資料的精華濃縮註〔註2〕。
王子輝、王明德（1989）	1. 明末彭蘊章在《幽州土風俗》中寫到：「月宮餅，製就銀蟾兔滿人間。悔煞嫦娥竊藥年，奔入廣寒歸不得，空勞至杵駐丹顏。」這說明心靈手巧的廚師已經把嫦娥奔月的優美傳說，作爲食品藝術圖案形象呈現於月餅之上〔註3〕。
陳瑞隆（1997）	1. 『乞時』或『乞龜』亦爲元宵燈一項古老的習俗，陳朝龍有詩描述：『鐙市煌煌一道開，遊人多處玉成堆；就中無數嬌嬈女爲祝添丁逐隊來。』陳詩並附註云：『上元夜，婦女向神前求乞香花燈果，以十宜男，得如願者，來歲各加所乞加倍酬神。』 2. 「乞花」、「乞龜」舊時是爲了「添丁」，現在「乞花」較少見到，但「乞龜」習俗各地廟寺仍存，目的也不限於「添丁」，大部分的人都可乞來「食平安」，不論靈不靈驗，明年都得加倍還願。「龜」有以麵粉做的叫做「麵龜」，亦有以糯米加糖做成「米糕」，晚近由於工商業繁榮，寺廟油香錢多，各地廟宇競相製作大龜，常見千公斤以上大龜〔註4〕，爲乞龜習俗再添榮盛的一筆。

資料來源：本研究整理（2007）。

圖 2-1-1：龜祭活動田野資料圖片　　　圖 2-1-2：阿嬤炊粿圖片

資料來源：宋龍飛著〈從民俗中探尋龜祭文化的根〉。

綜合上文獻所述可以得知三元節與燈節時提到「乞時」或「乞龜」亦爲元宵燈一項古老的習俗，神前用神龜、靈龜，以乞求，古人不但有乞龜求嗣，

〔註2〕 宋龍飛〈從民俗中探尋龜祭文化的根〉，《民俗藝術探源（下）》，臺北：藝術家，1985年，再版。

〔註3〕 王子輝、王明德《中國古代飲食》，臺北：博遠出版社，1989年。

〔註4〕 陳正之《臺灣歲時記：二十四節氣與常民文化》，臺中：臺灣省政府新聞處，1997年3月。

也有乞龜求財求壽的習俗。在寒食與清明節中講到「培墓」時要用紅龜、麵粿、碗糕粿去祭墓。在各文獻中也描述長期以來我國人民對製作月餅累積了豐富的經驗，月餅的種類也越來越多，工藝越來越講究。鹹、甜、葷、素，各俱異味；光面，花邊，各有特色。

　　陳瑞隆《臺灣民間年節習俗》在祭祀篇中的粿類中第六項是描繪紅龜粿，文中寫到：「紅龜粿是在臺灣最常見的供物。以甜的紅豆或『土豆仁麩』（把落花生輾碎者）為餡，以『粿』為皮包裹，然後放進雕刻龜形的木製模型裡一壓，使它表面印上龜甲紋，最後放進蒸籠裡蒸熟就行。」在此書中還放置《民俗臺灣》中立石鐵臣在臺時所製作的年節挨粿及灶腳的版畫〔註5〕。

二、歲時節慶（表2-1-2）

　　從歲時節慶方面的角度，描述木刻粿餅糕、糖塔印模呈現多方說明。其中與生老病死、婚喪喜慶、祭祀文化相關的前人研究包括有：

表2-1-2：糕餅印模與歲時節慶之相關文獻表

作者（年代）	內　　　　容
金關丈夫等編（1941～1945）	1.「包粿類似大福餅，內有餡料。除了忌日食用例外，否則都一定以紅色的糯米粉做成其外皮，而成紅色的包粿。甜餡由豆餡、花生粉、黃粉等製成，鹹餡則由蘿蔔乾、鹹菜、豆干以及蔬菜，細切炒過，再以糯米皮包餡料，並蓋上粿印。」〔註6〕
吳瀛濤（1984）	1.「圈：小型的，印有古錢連貫的紋樣，係仿古代的祭器，有子孫繁榮的含意，用於天公生、上元、中元、下元、謝神等祭拜。」 2.「平時所見的包粿，其粿面多用『粿印』印了各樣花紋，再塗抹一層食油，外狀光滑美觀，具有鄉土氣味。『彝』：含意用途與『圈』同，小型粿上再疊小粿者，粿面不印紋樣。」「圓：『彝』的大型，有求子福的含意的，用於小孩滿月。女家贈的與男家做的各一成雙，分送人家。」 3.「桃：桃形、象徵吉瑞、用於小孩做四月日或婚後初次歸寧贈女家。」 4.「紅龜：印有龜甲紋樣象徵吉兆、用於各種喜事，分贈親友。普通是每個八兩重，也有一斤以上的『大龜』用於祝壽。」「鼠殼粿：印有龜甲或桃的紋樣，象徵子孫繁榮，用於掃墓、普渡。」〔註7〕

〔註5〕陳瑞隆《臺灣風俗習慣》，臺南：裕文堂書局，1977年。

〔註6〕金關丈夫等編《民俗臺灣》第五輯第1～43號（1卷1號～5卷1號），東都書籍臺北支店發行，1941年～1945年，臺北：南天書局重印完整版第1～44號，1998年。

〔註7〕吳瀛濤《臺灣民俗》，臺北：眾文出版社，1984年。

曾永義編著 （1988）	1. 「糖塔的種類有塔型糖塔、糖鼓鴛鴦、糖鼓壽桃、龍鳳糖塘多種，但顏色要求則是愈白愈屬上層，塔型糖塔有七層和十二層兩種，除了祭拜天公外，富有人家常作祝壽之用。其餘三種則多用於婚嫁迎親之中。意示夫妻受壽百歲，相親相愛、富貴吉祥。一般六面型的糖塔製作需要木模六塊，每塊成等邊梯型、陰刻圖案。」
	2. 『造塔』時先將六塊木模相連，即圍成一圓型，用藤圈上下套住固定以後，直立插入預先挖好並鋪上棉布的洞中。再將溶解調勻的冰糖水倒入少許，讓底部的糖水稍冷卻之後，再將剩餘糖水倒入，趁著滾燙，快速拔出木模，平放於地，反覆滾動木模，務使糖液均勻滲透到木模陰刻裡，待冷卻之後，敲開木模，一座正六面型糖塔便卓然而立了。糖塔相傳在唐太宗遊地府時出現。剛完成的糖塔怕熱，放置一、兩天便會慢慢溶化、變型，放在冰箱裡則可保存許久。」〔註8〕
席德進（1989）	1. 其中以「紅龜糕」的版印最為普遍，正面刻一橢圓形的烏龜殼花紋，中刻一壽字，或「財子壽」，周圍飾以簡單的花草圖案。反面刻一圓形中置「壽桃」圖樣，兩側邊刻有一串錢。
	2. 當做拜拜的時候，拜天公，或老年人做六十、七十、八十大壽的時候，就用糯米糕，染成紅色，在木板印上擦些花生油。把糕上印成龜紋，桃紋來供奉。有時為了謝神、還願、求雨、建廟大典，也作紅龜糕來祀。大的有的一斤以上。小的也有幾兩重。
	3. 「有些糕印，刻著鳥、魚、扇、花。這些糕或許是用來作禮品的。結婚時用的糕印，科有福、祿、壽三星。」〔註9〕
陳正之（1996）	1. 「逢年過節，農村裡常會趁著歲時節慶的機會把日常的米食，加一點花樣，把它磨成粉糕仔，或磨成米漿做粿，糕、粿捏好之後就用粿模子印上花樣，那時候除了少數的木雕模子外，大部份都是用素燒磚做成的印模。」〔註10〕
陳瑞隆（1997）	1. 「紅龜粿是在臺灣最常見的供物。以甜的紅豆或『土豆仁麩』（把落花生輾碎者）為餡，以『粿』為皮包裹，然後放進雕刻龜形的木製模型裡一壓，使它表面印上龜甲紋，最後放進蒸籠裡蒸熟就行。」〔註11〕
倪再沁編輯召集 （2001）	1. 臺灣的糕印和粿印，當逢拜拜（如拜天公），或老年人做六十、七十、八十大壽，就用糯米糕祭祀或慶祝。將之先染成紅色，再在木板印上擦些花生油，把糕印成龜紋、桃紋，然後供奉。
	2. 有時為了謝神、還願、求雨、建廟大典，也做紅龜糕來祭祀，此種紅龜糕大的有一斤以上，小的也有幾兩重。臺灣民間在過年過節，或婚喪喜慶的場合時，準備各式各樣印有吉祥圖案的粿、糕餅、點心，不論祭祀或享用，皆有慶賀祝福的雙重意義。〔註12〕

〔註8〕曾永義編著《鄉土的民族藝術》，臺北：行政院文建會，1988年。

〔註9〕席德進《臺灣民間藝術》，臺北：雄獅美術，1989年。

〔註10〕陳正之《臺灣的傳統民間工藝》，南投：臺灣省政府新聞處編印，1996年6月。

〔註11〕陳瑞隆《臺灣風俗習慣》，臺南：裕文堂書局，1997年。

〔註12〕倪再沁編輯召集《鄉土文化專輯藝術篇之二福爾摩沙之美——臺灣民間工藝》，臺北：行政院文建會，2001年。

李豐楙（2004）	1. 正月九日天公生必準備諸多吉祥物的供品：「甜糕（粿）取象甜蜜、發糕取象發財、紅圓取象團圓、紅牽取象元寶，及祝壽用的紅龜、壽麵（長壽）。」〔註13〕
許晉章（2002）	1. 「除夕這一天要祭祀祖先，所以一些傳統的祭品都要事先準備好，例如紅龜粿：加有紅色色素，裡頭主要包紅豆或『土豆仁麩』的餡料，包好後，將它放進模形板中製成『龜』形並加以炊熟即可食用，此可與春聯顏色相互輝映，具有『吉利』的意思。」〔註14〕
李秀娥（2004）	1. 粿紅牽（牽仔粿）類似紅龜粿，餡為甜綠豆。粿面印有古錢連貫的紋路。仍用於作十六歲拜天公、結婚拜天公或拜三官大帝時所使用的〔註15〕。

資料來源：本研究整理（2007）。

　　綜合上面文獻所述可以得知歲時節慶中描述木刻粿餅糕、糖塔印模的呈現與使用狀況，文獻中介紹包粿的過程與糖塔為主題的製作方式，在文獻中說明在本省民間習俗中，農曆正月十五的祭三界公是過完年之後的另一個祭祀高潮。在這一天，除了可以吃到一年一度的狀元圓以外，在三界公的祭典中，會看見一座平時難得一見的七層塔型糖塔。

　　在文獻中也描述在臺灣木刻的糕印，是用來作糕餅時印上花紋的模印。種類不少，使用的目的也不同。及在臺灣民間在過年過節，或婚喪喜慶的場合時，準備各式各樣印有吉祥圖案的粿、糕餅、點心，不論祭祀或享用，皆有慶賀祝福的雙重意義。如：禮餅餅模雕有龍鳳，意指龍鳳成雙、夫唱婦隨的吉祥含義；結婚時用的糕印，刻有福、祿、壽三星，也代表吉祥如意之意；有些糕印，刻著鳥、魚、花，是用來作禮品的〔註16〕。

第二節　糕餅印模與民俗意涵

一、糕餅印模與民俗意涵（表 2-2-1）

　　從糕餅印模與民俗意涵方面的角度，描述木刻粿餅糕、糖塔印模呈現多

〔註13〕李豐楙《臺灣節慶之美》，宜蘭：國立傳統藝術中心，2004 年 2 月。
〔註14〕許晉章《臺灣常民文化——鄉土節令與民俗活動》，臺南：華淋出版社，2002 年 12 月。
〔註15〕李秀娥《臺灣民俗節慶》，臺中：星晨出版社，2004 年 10 月。
〔註16〕倪再沁編輯召集《鄉土文化專輯藝術篇之二福爾摩沙之美——臺灣民間工藝》，臺北：行政院文建會，2001 年。

方說明。在下列文獻中詳述各項年粿的製作過程和民間對作粿時的禁忌，以及各類粿食的形制、使用時機和象徵意義與民俗意涵，足以證明傳統社會中對做粿的重視程度，也充分表達糕餅印模與民俗意涵的相關意義。

表 2-2-1：糕餅印模與民俗意涵之相關文獻表

作者（年代）	內　　　　　　容
鈴木清一郎著，高賢治、馮作民編譯（1978）	1.「做滿月時要送紅龜粿，把糯米餅裝進龜甲形的模子裡印上龜紋，裡面包有花生、砂糖、紅豆等餡，然後放進蒸籠裡蒸熟。」〔註17〕
凌志四主編，呂學正、黃容川（1985）	1.「臺灣民間習俗常透過各種寓有不同吉祥含意的粿類來表達慶賀之意。」〔註18〕（圖 2-2-1、圖 2-2-2）
立石鐵臣繪，向陽文（1986）	1.「依照臺灣的婚禮，計分『問明』（議婚）、『送定』、『完聘』（大聘）、『親迎』（迎取）四階段。送定又稱『小聘』，由男方備送聘禮十二品：紅綢、金花、耳環、羊豬、禮燭、禮炮、禮餅、連招花盆、石榴花等，與媒人及親家屬往女方文定。」
陳正之（1996）	1.「逢年過節，農村裡常會趁著歲時節慶的機會把日常的米食，加一點花樣，把它磨成粉糕仔，或磨成米漿做粿，糕、粿捏好之後就用粿模子印上花樣，那時候除了少數的木雕模子外，大部份都是用素燒磚做成的印模。」〔註19〕
鄭淑君（1999）	1.《傳統木製糕餅印模之研究——以臺南市傳統餅舖和文物館現存印模為例》為其碩士論文，作者首先從傳統木製糕餅印模產生的背景意義談起，他認為這項民俗工藝的產生背景與中國東南悠久的米食文化有密不可分之關係。 2.在第一章第三節〈傳統木製糕餅印模的民俗意涵〉中，作者討論了傳統糕餅粿食與歲時節令、神明誕辰、生命禮俗間的關係，並列舉出應景、應時之糕餅粿食。〔註20〕

資料來源：本研究整理（2007）。

〔註17〕鈴木清一郎著，高賢治、馮作民編譯《臺灣舊慣習俗信仰》，臺北：眾文圖書公司，1978 年。
〔註18〕凌志四主編呂學正、黃容川《臺灣民俗大觀》（第二輯），臺北：大威，1985年，初版。
〔註19〕陳正之《臺灣的傳統民間工藝》，南投：臺灣省政府新聞處編印，1996 年 6月。
〔註20〕鄭淑君《傳統木製糕餅印模之研究——以臺南市傳統餅舖和文物館現存印模為例》，臺南：國立成功大學藝術研究所，1999 年。

圖 2-2-1：粿與粿模圖片　　　　圖 2-2-2：粿與粿模圖片

資料來源：凌志四主編《臺灣民俗大觀》（第二輯）粿與粿模單元。

　　綜合上面文獻所述可以得知臺灣舊慣習俗信仰，在生育禮俗中描述及臺灣民間習俗，常透過各種寓有不同吉祥含意的粿類來表達慶賀之意。在文獻中詳述各項年粿的製作過程和民間對作粿時的禁忌，以及各類粿食的形制、使用時機和象徵意義，足以證明傳統社會中對做粿的重視程度，並將本省的粿食種類區分成糕狀的粿食和餅狀的粿食兩大類〔註 21〕。及傳統木刻糕餅印模的民俗意涵中，討論了傳統糕餅粿食與歲時節令、神明誕辰、生命禮俗間的關係，並列舉出應景、應時之糕餅粿食。

第三節　印模造型及圖案與民俗藝術

一、印模造型及圖案與民俗藝術（表 2-3-1）

　　手工藝術與生活息息相關，木刻粿餅糕糖塔印模的製成隨著生命禮俗的演變而有不同的形式，為求美感在產品設計上又加以變化，而在造型及樣式的選取方面，也依不同需求而改變，人們講究吃，色、香、味是基本要求，現代人更講究吃得健康。所謂「色」除了是顏色的表達之外，「美」的呈現也很重要，總括一句話就是要令人看了垂涎欲滴。因此在餅模的製作上花紋、造型的細膩與美感，成為師傅們爭相表現的方式。自藝術方面的角度，

〔註21〕凌志四主編呂學正、黃容川《臺灣民俗大觀》（第二輯），臺北：大威，1985年，初版。

詮釋木製粿餅糕、糖塔印模呈現多方說明。與紋飾與造型相關的前人研究包括有：

表 2-3-1：印模造型及圖案與民俗藝術之相關文獻表

作者（年代）	內　　　　　容
金關丈夫等編 （1941～1945）	1.「隨著餅的不同種類，它的大小、花紋當然也有所不同，樣式有正圓形、也有橢圓型，橢圓形的其實不是餅印而是粿印（或稱粿模），通常刻有龜甲紋，是製作『紅龜粿』製基本的模子。這種模子因為只要在平面的餅、粿的上印出花紋，所以雕刻都相當深，雖然橢圓的外邊也有花樣雕飾，實則談不上精緻。但是用於製作中秋月餅、五仁餅等餅的餅模，還有在爐邊烤的最後一道程序，所以模子都比較精美，雕刻也較深。」〔註22〕
林衡道（1979）	1.「木雕的工藝來自閩南，清時，雕刻所需的木料大多來自福州，稱為福杉。日據時期以後，臺灣也盛產質細堅硬的木材，如松木、油松、茄苳、香桂、苦苓、龍眼等都是很適合雕刻的材料，廟宇殿堂內部天花柱頭，和神龕雕刻的描繪及門窗裝飾雕刻技術，有浮雕、透雕等類型花紋，則採用自然寫實主義和象徵主義。」〔註23〕
凌志四主編 （1985）	1.「臺灣做粿時所需用到的木刻粿模種類，這些木刻粿模除具有深遠的含義與豐富的民俗藝術圖案外，同時亦認為木刻粿模是具有版畫型態的藝術品。」〔註24〕
立石鐵臣繪，向陽文（1987）	1.「這種『餅模』上書『二姓合婚』及「囍」字樣，由於字在模上，看起來是倒寫的，但仍然讓人感到喜氣洋洋。」〔註25〕（圖2-3-1、圖2-3-2）
劉文三（1988）	1.「桃仔粿、圈仔粿和魚形粿等紋飾。這種陰雕的糕餅印模是具有版畫型態與意義的藝術品。」〔註26〕
席德進（1989）	1.「其中以『紅龜糕』的版印最為普遍，正面刻一橢圓形的烏龜殼花紋，中刻一壽字，或『財子壽』，周圍飾以簡單的花草圖案。反面刻一圓形中置『壽桃』圖樣，兩側邊刻有一串錢。把糕上印成龜紋，桃紋來供奉。」 2.「有些糕印，刻著鳥、魚、扇、花。這些糕或許是用來作禮品的。結婚時用的糕印，刻有福、祿、壽三星。這些版印除了用木質之外，也有用紅土磚刻的版。目前進而採用塑膠製的，已沒有像木板刻的具有民間藝術價值了。」〔註27〕

〔註22〕金關丈夫等編《民俗臺灣》第三輯第 1～43 號（1 卷 1 號～5 卷 1 號），東都書籍臺北支店發行，1941 年～1945 年，臺北：南天書局重印完整版第 1～44 號，1998 年。

〔註23〕林衡道《臺灣的歷史與民俗》，臺北：文出版社，1979 年。

〔註24〕凌志四主編《臺灣民俗大觀》，臺北：大威，1985 年，初版。

〔註25〕立石鐵臣繪、向陽文《臺灣民俗圖繪》，臺北：洛城，1987 年。

〔註26〕劉文三《臺灣早期民藝》，臺北：雄獅美術，1988 年，六版。

〔註27〕席德進《臺灣民間藝術》，臺北：雄獅美術，1989 年。

簡榮聰（1999）	1.「粿印本身，鑑賞印模的材料美、形制美與雕刻技法，如代表『富貴有餘』的『魚形紋』、象徵『事事圓滿』的『柿花』、寓有『賜福長壽』之意的『四蝠拱龜』圖案等等，不但展現其工藝之美，也蘊含著豐厚的文化意涵。」 2.所探討的是粿印所傳達的生活習俗，文中闡述粿印與年節、禮俗的關係，並概述粿印的造形圖案與種類，印粿的作法〔註28〕
倪再沁編輯召集（2001）	1.「臺灣的糕印和粿模，以一種木頭雕刻成的凹形圖案作模印，替糕餅印上花紋。這種印模的種類不少，依不同用途而有多樣的造型，其中以『紅龜糕』的版印最爲普遍。常見的有長方形木製印模，正反兩面均刻有凹形圖案，多爲與福、祿、壽、喜有關的吉祥圖案或字樣，如龜甲紋、桃形紋、魚紋、蝙蝠、葫蘆、古錢連貫紋等，葫蘆代表福祿，龜甲表長壽，魚代表年年有餘，每一個圖紋都有其特殊意含。 2.紅龜粿是所有飾有龜甲紋的龜粿的總稱，其版印通常在正面刻一橢圓形的烏龜殼花紋，中刻一壽字，或『財子壽』，周圍飾以簡單的花草圖案。反面刻一圓形中置『壽桃』圖樣，兩側邊刻有一串錢。」〔註29〕
鄭淑君（1999）	1.研究主旨在於臺南市之糕餅印模的保存情況，內容較著重於糕餅印模之現況、種類、造型、紋飾、特徵與演變，以民間工藝藝術的角度去看傳統木製糕餅印模之價值〔註30〕。

資料來源：本研究整理（2007）。

圖 2-3-1：婚禮用菓子的紋樣　　　圖 2-3-2：婚禮用菓子的紋樣

資料來源：民俗臺灣表紙，婚禮用菓子的紋樣，立石鐵臣，第三卷第一號。

〔註28〕簡榮聰《臺灣粿印藝術：臺灣民間粿糕餅糖塔印模文化藝術之研究》，臺北：漢光文化，1999年。

〔註29〕倪再沁編輯召集《鄉土文化專輯藝術篇之二福爾摩沙之美——臺灣民間工藝》，臺北：行政院文建會，2001年。

〔註30〕鄭淑君《傳統木製糕餅印模之研究——以臺南市傳統餅舖和文物館現存印模爲例》，臺南：國立成功大學藝術研究所，1999年。

　　綜合上文獻所述可以得知在糕餅模型的描述是「往往都充分具備了傳統性和鄉土氣氛，很值得珍視。」〔註31〕可以了解木雕藝術所運用之材料材質為何？及建築木雕與印模的關係？木雕所雕刻花紋，為何是採用自然寫實主義和象徵主義的喻意手法。也有文獻將臺灣木製粿餅糕印模花紋、造形作初淺的介紹。

　　在《臺灣早期民藝》是作者劉文三以其所收藏的臺灣早期民藝品做為研究對象，將糕餅粿模放在眾多的食具民藝中做一介紹，為早期探討粿模的重要文章之一，奠定其他相關文章的概念基礎。本篇的重點放在紅龜粿模與禮餅印模上，主要在分析不同的紅龜粿模所具有的意義，並提到「桃仔粿、圈仔粿和魚形粿等紋飾。這種陰雕的糕餅印模是具有版畫型態與意義的藝術品。」〔註32〕席德進在《臺灣民間藝術》此書中描述在臺灣有種木刻的糕印，是用來作糕餅時印上花紋的模印。種類不少，使用的目的也不同。此書將「糕印」附屬在「版印」的範疇內。然因其對木製糕餅印模著墨不多，故無法從文中具體勾勒出傳統木製糕餅印模的藝術特質與民俗意涵〔註33〕。

　　簡榮聰在其所著之《臺灣粿印藝術：臺灣民間粿糕餅糖塔印模文化藝術之研究》中首先介紹「臺灣粿印」是指臺灣民間印製粿粄食品的模具，它概括了粿印、糕印、餅印及糖塔模子。簡榮聰從人類學、工藝學、文化學的角度作切入，希望能發覺隱藏於粿印藝術下的文化特質，並將粿印工藝作系統整理，將粿印紋飾圖案蘊含之意義和在文化方面之功能作探討。在書中「第陸章」將視線集中在「粿印本身，鑑賞印模的材料美、形制美與雕刻技法，如代表『富貴有餘』的『魚形紋』、象徵『事事圓滿』的『柿花』、寓有『賜福長壽』之意的『四蝠拱龜』圖案等等，不但展現其工藝之美，也蘊含著豐厚的文化意涵。」〔註34〕

　　由倪再沁主編召集的《鄉土文化專輯藝術篇之二福爾摩沙之美——臺灣民間工藝》中描述臺灣的糕印和粿印，以木頭雕刻成的形狀圖案印模在糕餅印上花紋，由印模的圖樣，可以清楚的看出先人的民俗生活與信仰，看似版畫，表現上卻不又不同於版畫，用簡單的線條勾勒出早期所賦予的社會意

〔註31〕林衡道《臺灣的歷史與民俗》，臺北：文出版社，1979年。
〔註32〕劉文三《臺灣早期民藝》，臺北：雄獅美術，1988年，六版。
〔註33〕席德進《臺灣民間藝術》，臺北：雄獅美術，1989年。
〔註34〕簡榮聰《臺灣粿印藝術：臺灣民間粿糕餅糖塔印模文化藝術之研究》，臺北：漢光文化，1999年。

義，充滿古樸純眞的意味〔註35〕。鄭淑君著之《傳統木製糕餅印模之研究
——以臺南市傳統餅舖和文物館現存印模爲例》爲其碩士論文，一文研究主
旨在於臺南市之糕餅印模的保存情況，內容較著重於糕餅印模之現況、種
類、造型、紋飾、特徵與演變，以民間工藝藝術的角度去看傳統木製糕餅印
模之價值〔註36〕。

第四節　小　結

　　從文化起源與歲時節慶、糕餅印模與民俗意涵、印模造型及圖案與民俗
藝術的相關文獻回顧中得知，對粿糕餅糖塔印模目前現況的研究，遺憾的是
相關木刻粿糕餅、糖塔印模介紹的部份，著重於器物的介紹、用途的說明部
份，在造形上、樣式上、藝術性比較沒有深入的探討。撰寫紅龜粿模或傳統
糕餅印模的零散篇章，都止於概略性的介紹，並未深入探討糕餅印模的內在
特質和其在時代變遷下，所呈現的今昔差異。以及目前全臺灣還有從事木刻
粿糕餅、糖塔印模雕刻的師傅也沒有相關的文獻記載與實際田野調查訪談相
關的記錄。本研究擬以藝術與美學的角度來觀察，這些手工雕製的粿糕餅糖
塔印模是如何被形構成藝術品？何以稱爲藝術？都很值得筆者去探討研究與
分析。

　　元宵節又有一種「乞龜」習俗，由廟方供奉麵龜，任由信徒擲筊乞求「甲
平安」，等過了一年事業得意後，再在神前奉獻大一些的麵龜，供人乞賜，帶
來吉利。凡有可食用的糯米龜、花生龜、麻糬龜、麵龜及蛋糕龜等。乞龜後
可分切給家人、親人「甲平安」，一起分得吉利」（李豐楙，2004）〔註37〕。
由上述相關文獻描述漢族先民這份對天的畏懼、崇敬，轉化成供桌上琳琅滿
目的糕餅，在各式各樣婚喪喜慶祭祀中，「做粿」成爲全家人共同的生活回
憶。在農業社會中，人們就是透過這樣的手工製作，做出一塊塊象徵吉祥如
意、財富連綿的粿餅，向神明訴說心中的願望。「粿印」、「糕印」、「餅印」、
及「糖塔模子」，在民間社會長時間的存在，不僅代表臺灣民間悠久的飲食文

〔註35〕倪再沁編輯召集《鄉土文化專輯藝術篇之二福爾摩沙之美——臺灣民間工
　　　　藝》，臺北：行政院文建會，2001年。
〔註36〕鄭淑君《傳統木製糕餅印模之研究——以臺南市傳統餅舖和文物館現存印模
　　　　爲例》，臺南：國立成功大學藝術研究所，1999年。
〔註37〕李豐楙《臺灣節慶之美》，宜蘭：國立傳統藝術中心，2004年2月。

化，也反映了豐美的民俗信仰、節慶生活與禮儀往來。

　　禮餅餅模雕有龍鳳，意指龍鳳成雙、夫唱婦隨的吉祥含義；結婚時用的糕印，刻有福、祿、壽三星，也代表吉祥如意之意；有些糕印，刻著鳥、魚、花，是用來作禮品的（倪再沁編輯召集，2001）〔註38〕。就民俗學的角度觀察，粿糕餅糖塔印模的使用，關係著民間社會的年節文化及宗教信仰，到底哪些年節需要以粿糕餅糖塔來敬神拜祖？此外，糕餅糖塔印模的使用，也與「生命禮俗」有關。就人一生的生命過程而言，從出生到老死，以及訂婚、結婚、祭辰，都必須在某些場合用到粿糕餅，這些文化現象，也是很值得被研究與分析。

　　由印模的圖樣，可以清楚的看出先人的民俗生活與信仰，以看似版畫，卻又不同於版畫的表現形式，用簡單的線條勾勒出當時代所賦予的社會意義，充滿古樸純眞的意味傳統模版大多是用木質製作的，也有用紅土磚刻的版。現代人爲求便利，出現的塑膠製印模，雖然簡便，但已失去像木板刻那樣具有民間藝術純樸的風味了（倪再沁主編召集，2001）〔註39〕。「臺灣做粿時所需用到的木製粿模種類，這些木製粿模除具有深遠的含義與豐富的民俗藝術圖案外，同時亦認爲木製粿模是具有版畫型態的藝術品。」〔註40〕（凌志四，1985）本研究擬就這個觀點再進一步探討，木製粿模與版畫印製之間的藝術相關性。

　　長期以來我國人民對製作月餅累積了豐富的經驗，月餅的種類也越來越多，工藝越來越講究。鹹、甜、葷、素，各俱異味；光面，花邊，各有特色（王子輝、王明德，1989）〔註41〕。糕餅模型往往都充分具備了傳統性和鄉土氣氛，木雕所雕刻花紋，是採用自然寫實主義和象徵主義的喻意手法，很值得珍視（林衡道，1979）〔註42〕。本研究從工藝學、文化學的角度作切入，希望能發覺隱藏於糕餅印模藝術下的文化特質，並將糕餅印模工藝作系統整理，將糕餅印模紋飾圖案蘊含之意義和在文化方面之功能作深入探討。

〔註38〕倪再沁編輯召集《鄉土文化專輯藝術篇之二福爾摩沙之美——臺灣民間工藝》，臺北：行政院文建會，2001年。
〔註39〕倪再沁編輯召集《鄉土文化專輯藝術篇之二福爾摩沙之美——臺灣民間工藝》，臺北：行政院文建會，2001年。
〔註40〕凌志四主編《臺灣民俗大觀》，臺北：大威，1985年，初版。
〔註41〕王子輝、王明德《中國古代飲食》，臺北：博遠出版社，1989年。
〔註42〕林衡道《臺灣的歷史與民俗》，臺北：文出版社，1979年。

第參章　相關案例分析

第一節　國外案例

一、歐美

　　法國啓蒙時期哲學家盧梭（OJ. Roussean 1712～1778）在《愛彌兒》裡說：「在人類所有的職業中，手工藝是一門最古老最正直的手藝。它在人的生長中功用最大，它在物品的製造中通過手將觸覺、視覺和腦力協調，身心合一，使人得到健康的成長（盧梭，1978）。」〔註1〕

　　盧梭在《愛彌兒》又中談到：「手工藝的功用最大，它通過手、腦合力工作，使人的身心得到發展，它是人類職業中最古老最直接最神怪的教育方法之一。然而，這種思想還遠遠沒有被全社會接受（盧梭，1978）。」〔註2〕因此，從這個角度看，民藝之路首先取決於全社會對它的正確認識。

　　在 BEYOND AMERICAN FOLK ART: THE EMERGENCE OF FOLK ART AS A MUSEUM OBJECT, 1924～2001 論文中描述「當稱呼特別的人工製品為藝術品時，更早期的民間藝術的師傅與創作者早已把作品以現代美術系統定義中的美學觀點呈現出來。」〔註3〕（Michael Lawrence Murray，2006）「並且

〔註1〕法國盧梭著，李平漚譯《愛彌兒（上、下，中譯本）》，北京：商務印書館出版社，1978年6月，第一版。

〔註2〕法國盧梭著，李平漚譯《愛彌兒（上、下，中譯本）》，北京：商務印書館出版社，1978年6月，第一版。

〔註3〕2006 BEYOND AMERICAN FOLK ART: THE EMERGENCE OF FOLK ART AS A MUSEUM OBJECT, 1924-2001; Michael Lawrence Murray A

在這些民間藝術的師傅與創作者的雕刻或繪畫作品之中可以看見原始之美與天眞感情的流露。許多人認爲民間藝術給予人狹窄的藝術世界感覺，其實是不正確的，民間藝術的師傅與創作者在作品之中注入許多情感，讓作品能達到眞、善、美之境界。」〔註4〕（Michael Lawrence Murray，2006）

在美國的文獻之中以 300YEAR OF Kitchen Collectibles 5th Edition，這本300多年的廚房收藏品，是描述在美國廚房模具三百年歷史爲各式各樣的模具記載最完整的一本書，其中有談及技術層面與模具的專利記錄的史料，在書中描述到這本書目的是幫助讀者做在主要和第二來源裡的研究。（預選是一種原先的出版物，例如一本舊的雜誌或者一本技術書或者專利記錄。二次「消化」主要訊息，被本書的作者分析或合成）。

大多數目錄是書和一些雜誌，收集家報紙或者俱樂部出版物。很多書包括他們自己的有價值的書目；大多數被列舉的書是詳細可讀，訊息豐富，和說明得好。內容除了作爲照片，還有在期刊裡公佈的文章。很多書買不到並且艱難發現。但他們是值得尋找，尤其是關於裝飾的藝術，實際的藝術，古董和收藏品和烹調術的研究文物的書（Linda Campbll Franklin，2003）。

在書中有介紹烹調技術、鑄鐵器皿、木製器皿、除在鑄鐵上的資源之外，各樣俱備的金屬加工的歷史，並且混合金屬器皿、紙或者生命短的植物資源、及其他廚房中與社會歷史相關的資訊、廚房和廚房設計等等。讓本研究可以充份了解美國在廚房模具這方面三百年來的廚房歷史及各式各樣的模具記載。以下是書中木刻模具的介紹：

DISSERTATION in FOLKLORE AND FOLKLIFE: Presented to the Faculties of the University of Pennsylvania in Partial Fulfillment of the Requirements for the Degree of Doctor of Philosophy.

〔註 4〕 2006 BEYOND AMERICAN FOLK ART: THE EMERGENCE OF FOLK ART AS A MUSEUM OBJECT, 1924-2001; Michael Lawrence Murray A DISSERTATION in FOLKLORE AND FOLKLIFE: Presented to the Faculties of the University of Pennsylvania in Partial Fulfillment of the Requirements for the Degree of Doctor of Philosophy.

圖 3-1-1：Cake board

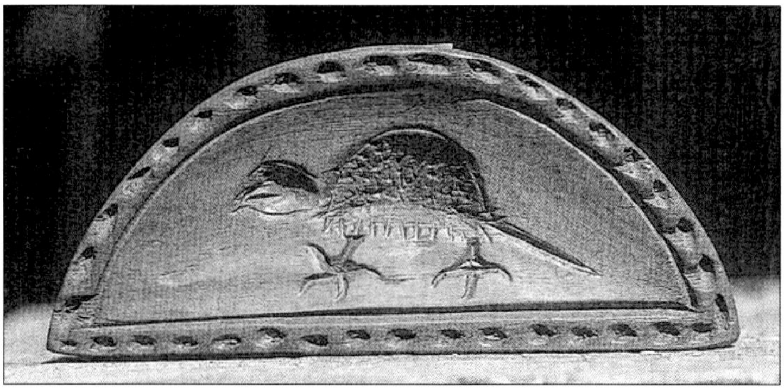

以仇蜍爲主題的美麗雕刻和設計。

資料來源：300YEAR OF Kitchen Collectibles 5th Edition, 2003 by Linda Campbll Franklin, Krause publications An F&W publications Company.

圖 3-1-2：Cake board

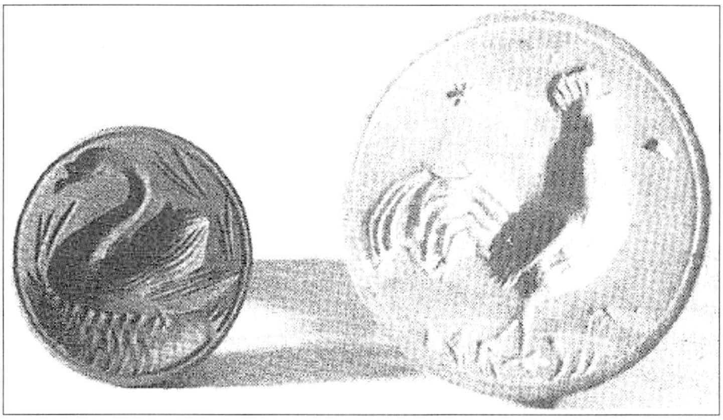

（L）以天鵝爲主題的美麗雕刻和設計（R）以二只蜜蜂與星星的公雞爲主題的美麗雕刻和設計。

資料來源：300YEAR OF Kitchen Collectibles 5th Edition, 2003 by Linda Campbll Franklin, Krause publications An F&W publications Company.

圖 3-1-3：Cake board

以母牛與樹爲主題的美麗雕刻和設計。
資料來源：300YEAR OF Kitchen Collectibles 5th Edition, 2003 by Linda
　　　　Campbll Franklin, Krause publications An F&W publications
　　　　Company.

圖 3-1-4：Cake board

在木頭中央以鳳梨圖形爲設計。繩接近曲線，意味著它能用來建立一種
環形的印刷品爲主題的美麗雕刻和設計用。
資料來源：300YEAR OF Kitchen Collectibles 5th Edition, 2003 by Linda
　　　　Campbll Franklin, Krause publications An F&W publications
　　　　Company.

圖 3-1-5：Cake board

以橡子為主題的美麗雕刻和設計,不但是橡子給予有人以松鼠在他們上面安置這高價值。像雕刻一樣的這些個表情在表面上站起來。

資料來源：300YEAR OF Kitchen Collectibles 5th Edition, 2003 by Linda Campbll Franklin, Krause publications An F&Wpublications Company.

圖 3-1-6：Cake board

以老鷹的圖案為主題的美麗雕刻和設計,帶有柄。(L)像鬱金香一樣的鳥,優雅的像葉子一樣的翅膀,給身體,狹窄的餡餅皮邊境,一顆單個的星畫交叉陰影線。(M) 面向的鷹離開,用盾身體,長的脖子,被月桂樹從側面包圍。(R) 鷹和大的星星。

資料來源：300YEAR OF Kitchen Collectibles 5th Edition, 2003 by Linda Campbll Franklin, Krause publications An F&W publications Company.

圖 3-1-7：Cake board

以奇特的弄彎的 verte-braeic 莖，在模子繩邊境的花的圖案爲主題的美
麗雕刻和設計。
資料來源：300YEAR OF Kitchen Collectibles 5th Edition, 2003 by Linda
　　　　　Campbll Franklin, Krause publications An F&W publications
　　　　　Company.

圖 3-1-8：Cake board

以像蒲公英一樣的葉子呈線狀射出的花朵的圖案爲主題的美麗雕刻和
設計。
資料來源：300YEAR OF Kitchen Collectibles 5th Edition, 2003 by Linda
　　　　　Campbll Franklin, Krause publications An F&W publications
　　　　　Company.

圖 3-1-9：Cake board

以橢圓的菱形雕於長方形的形式，穿格子花呢或者蘇格蘭格子呢的女鞍
騎馬女人作爲主題，適合的短上衣和小的帽子邊緣，在中心花的圈，在
設計的右末端在左邊和一個美洲印第安人與殖民地人被側面包圍。在下
面的曲線裡的精美的豐饒線條角度。
資料來源：300YEAR OF Kitchen Collectibles 5th Edition, 2003 by Linda
　　　　　Campbll Franklin, Krause publications An F&W publications
　　　　　Company.

圖 3-1-10：Cake board

以徽章的圖案爲主題美麗雕刻和設計的蛋糕板。紅木，典型康格板的橢
圓的雕刻。
資料來源：300YEAR OF Kitchen Collectibles 5th Edition, 2003 by Linda
　　　　　Campbll Franklin, Krause publications An F&W publications
　　　　　Company.

綜合上述文獻及美國木刻模具圖形，本研究者發現美國木刻模具圖形非常具有裝飾之藝術的美感，造型優雅細緻，內容以花卉、藤蔓、果實等植物為主，亦有牛、羊、雞這些日常生活中可以見到的家畜，雕刻師傅將實際日常生活可以接觸的動植物造型蘊涵於其中，並展現藝術的最深層美感。現今美國的模具是以鑄鐵器皿、混合金屬器皿為主，木刻模具已不多見，在文獻中也可以發現早期的木刻模具都被當成古董和收藏品來收購，而且價值非凡。雕工精美、又具有時代歷史意義的木刻模具也成為收藏家的珍藏。

二、日本

日本著名民藝學家柳宗悅（1889～1961）說：「只有工藝的存在我們才能生活。從早到晚，或工作或休息。我們身著衣物而感到溫暖，依靠成套的器物來安排飲食，備置家具、器皿來豐富生活……因此，如果工藝是貧弱的，生活也將隨之空虛（柳宗悅，1984）。」〔註5〕

柳宗悅（1889～1961）在 1941 年時說：「工藝文化有可能是被丟掉的正統文化。原因就是離開了工藝，就沒有我們的生活。因此，如果工藝是貧弱的，生活也將空虛……如果工藝的文化不繁榮，整個的文化便失去了基礎，因為文化首先必須是生活文化（柳宗悅，1984）。」〔註6〕

柳氏看到了傳統工藝的精神性的意義。深刻地指出：「為什麼在生活中用的時候沒有體驗到美？是因為在那裡沒有接近美的機會。他認為，粗糙製品培養了人們粗暴地對待物的習慣，而且在傳統工藝因傳統的造型語言和手工性質，能喚起我們無比的親切感，這是現代工業的理性所不能代替的（柳宗悅，1985）。」〔註7〕

「『民藝』（民眾的工藝），它與貴族式的工藝美術是相對的。一般民眾日常使用的用具即是「民藝品」，簡言之，應該也可稱之為「民器」。每個人生活上所需的日用品，即衣服、家具、飲食器皿、文房用具等均屬之，俗稱下手物（日文指粗貨、簡單的手工藝品）或粗物、雜具的雜器類皆屬民藝品（柳宗悅，1985）。」〔註8〕

柳氏所提倡的《民藝》宗旨，有兩大重點：

〔註5〕日本柳宗悅著《民藝四十年》，岩波書店，1984 年。
〔註6〕日本柳宗悅著《民藝四十年》，岩波書店，1984 年。
〔註7〕日本柳宗悅著《工藝文化》，岩波書店，1985 年。
〔註8〕日本柳宗悅著《工藝文化》，岩波書店，1985 年。

（一）基於民眾、為了民眾的民眾工藝。

（二）美的主流在此。

「民藝」一詞為「民眾工藝」的簡稱，「一般民眾的日常生活必需品」換言之，亦可說是「基於民眾、為了民眾的民眾工藝」。美的主流在此；柳宗悅並非倡導所有美的東西都是民藝品，或非民藝品則不美，但他看準自由、健康美充分表現在民藝品中的事實，因此他要讓大家都知道這種美才是美的主流。他想主張正確保護並培育從民眾生活中產生的手工業文化，將更豐富我們的生活（柳宗悅，1985）〔註9〕。

為了向人們介紹從民眾生活中所產生的美麗世界之價值，而於 1925 年（大正 14 年）創造了「民藝」一詞。翌年，為了公開展示民藝之美而發表了「日本民藝美術館設立宗旨」，此外，以「工藝之道」（1928 年刊）提倡：

1. 工藝美即為健康美。

2. 用與美結合才是工藝。

3. 器物中所見的美為單純

4. 專注之美。

5. 工藝美即為傳統美（柳宗悅，1985〔註10〕）。

要被稱為民藝品，就必得是經過誠實思考用途的健全器物，條件包括是對品質的仔細推敲、合理的方法以及熱誠的工作，惟有這樣才能生產出對生活有幫助的誠實用器。而以下是日本手刻木製的糕餅印模在日本稱之為和菓子木型：

圖 3-1-1：落雁型　15 ヶ SET 清水燒で手軽に落雁

資料來源：http://www.fujitv-mirai.com/category/cooktl_wagashi.html。

〔註 9〕日本柳宗悅著《工藝文化》，岩波書店，1985 年。
〔註10〕日本柳宗悅著《工藝文化》，岩波書店，1985 年。

　　尺寸約做好的約 3cm 左右，內容有櫻花、梅、菊花紅葉、桔梗、公孫樹、樹葉、竹子、筍蘑菇、水葫蘆多鳥、羽毛毽木柏兒、取出來是楊枝細細的。

圖 3-1-2：木型

資料來源：http://www.fujitv-mirai.com/category/cooktl_wagashi.html。

　　數量少的點心模型是手藝創作師傅的雕鑿技術表現。尺寸約 45×42×25mm 等等。是做和菓子點心的模型工具。

圖 3-1-3：木型

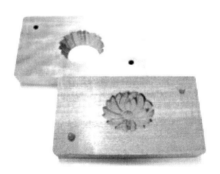

資料來源：http://www.fujitv-mirai.com/category/cooktl_wagashi.html。

　　因為這是最和手藝創作師傅直接接觸的事，能理解模型的做法。關於使用材料是使用硬邦邦地有黏的櫻花樹。雕刻的材料還可以選擇別的種類，例如：從櫻花、紅葉、梅等等皆可。

圖 3-1-4：団子合わせ型木型

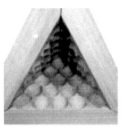

資料來源：http://www.fujitv-mirai.com/category/cooktl_wagashi.html。

　　把丸子合在一起的模型是手藝創作師傅大河原氏是雕，爲模型。是最能和直接手藝創作師傅接觸可以溝通想要的模型形式。許多有名點心店和菓子店都託付手藝創作師傅大河原氏是雕，是絕對的信賴，用心的工作的創作者。至於雕刻材料使用硬邦邦地有黏性的櫻花樹。

圖 3-1-5：木型

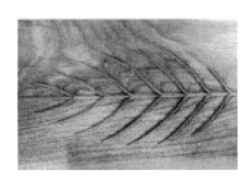

資料來源：http://www.fujitv-mirai.com/category/cooktl_wagashi.html。

　　雕刻模型是手藝創作師傅大河原氏雕刻的，爲模型。是最能和直接手藝創作師傅接觸可以溝通想要的模型形式。許多有名點心店和菓子店都託付手藝創作師傅大河原氏是雕，是絕對的信賴，用心的工作的創作者。至於雕刻材料使用硬邦邦地有黏性的櫻花樹。製作尺寸是可以根據希望的尺寸來製。

圖 3-1-6：木型

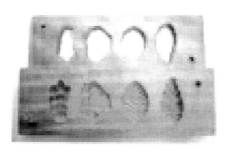

資料來源：http://www.fujitv-mirai.com/category/cooktl_wagashi.html。

　　雕刻模型是手藝創作師傅大河原氏雕刻的，爲模型。是最能和直接手藝創作師傅接觸可以溝通想要的模型形式。許多有名點心店和菓子店都託付手藝創作師傅大河原氏雕刻，是絕對的信賴，用心的工作的創作者。至於雕刻材料使用硬邦邦地有黏性的櫻花樹。雕刻的材料除了櫻材可選擇還可以選擇別的種類例如：櫻花、紅葉、梅等等。

圖 3-1-7：木型　桃山押し型

資料來源：http://www.fujitv-mirai.com/category/cooktl_wagashi.html。

　　按模型桃山的模型雕刻模型是手藝創作師傅大河原氏雕刻的，爲模型。是最能和直接手藝創作師傅接觸可以溝通想要的模型形式。許多有名點心店和菓子店都託付手藝創作師傅大河原氏雕刻，是絕對的信賴，用心的工作的創作者。至於雕刻材料使用硬邦邦地有黏性的材料櫻材。

圖 3-1-8：木型月餅

資料來源：http://www.fujitv-mirai.com/category/cooktl_wagashi.html。

　　雕刻模型是手藝創作師傅大河原氏雕刻的，為模型。是最能和直接手藝創作師傅接觸可以溝通想要的模型形式。許多有名點心店和菓子店都託付手藝創作師傅大河原氏雕刻，是絕對的信賴，用心的工作的創作者。關於雕刻材料使用硬邦邦地有粘性的櫻花樹。

圖 3-1-9：木型

資料來源：http://www.fujitv-mirai.com/category/cooktl_wagashi.html。

　　雕刻模型是手藝創作師傅大河原氏雕刻的，為模型。是最能和直接手藝創作師傅接觸可以溝通想要的模型形式。許多有名點心店和菓子店都託付手藝創作師傅大河原氏雕刻，是絕對的信賴，用心的工作的創作者。至於雕刻材料使用硬邦邦地有黏性的櫻花樹。

圖 3-1-10：木型

資料來源：http://www.fujitv-mirai.com/category/cooktl_wagashi.html。

能簡單地做季節的和菓子點心。飯的模型上也是能使用。手藝人的雕刻技術誰都不能模仿，可愛的木型模子就可以做出簡單地季節的和菓子點心。飯的模型上也能使用於。而木型模子的造型與尺寸如下：（表 3-1-1）

表 3-1-1：木型模子的造型與尺寸

・一棵松 48×58(mm)	・一朵重瓣菊 50×50(mm)
・一梅 48×53(mm)	・三層松樹 45×57(mm)
・九朵重瓣菊 50×50(mm)	・背後梅 45×50(mm)
・桔梗 53×45(mm)	・櫻花 50×50(mm)
・紅葉 50×50(mm)	・圓形加吉魚 45×50(mm)
・盔 50×60(mm)	

資料來源：http://www.fujitv-mirai.com/category/cooktl_wagashi.html。
本研究整理（2007）。

圖 3-1-11：かわいい粉菓子の木型

資料來源：http://www.fujitv-mirai.com/category/cooktl_wagashi.html。

　　可愛的和菓子創作師傅點心的模型。做手工點心的時候使用。模樣是松樹九裡（27×21mm）、菊花（直徑 25mm）及紅葉 3 種。

　　綜合上述文獻及日本和菓子木型圖形，可以得知工藝美即為健康美，用與美結合才是工藝，而從日本和菓子木型中可見到器物中所呈現的美是單純，也是手藝創作師傅所注入的專注之美。更是柳宗悅所提倡的工藝美即為傳統美（柳宗悅，2002〔註11〕）。

　　要被稱為民藝品，就必得是經過誠實思考用途的健全器物，條件包括是對品質的仔細推敲、合理的方法以及熱誠的工作，惟有這樣才能生產出對生活有幫助的誠實用器。

三、中國大陸

（一）佛山粿糕餅印模現況

　　佛山粿模，俗稱餅印，是一種實用民間工藝品。歷史上，佛山粿模業頗盛，有以此業經營發家的。史稱：清中葉金就「藝為范餅之模，以工藝度活。公以親父家貧，躬承父業，刻意雕刻，巧奪天工，其門如市，乃節檢自處，逐以起家」〔註12〕（林明體，1993）。

　　佛山餅印，以雕製月餅和色餅印為最大宗。月餅印是餅家、酒樓生產

〔註11〕日本柳宗悅著，徐藝乙譯《民藝論》，江西：江西美術出版社，2002 年 3 月，第一版。

〔註12〕林明體《嶺南民間百藝》，廣東：廣東人民出版社，1993 年。

中秋月餅的生產工具，色餅印是餅家及民間百姓所用。據史料記載，我國民間在年節多有自製糕餅以祀年風俗，嶺南各地則以炒米餅為多。「元日」賀節，以餅食相饋，曰「拜年」〔註13〕。「十二月」中旬後，家家印白餅，炊年糕，煮油，謂之「為年具」〔註14〕。因此，每戶家庭，過去多購置三几塊色餅餅模。這些糕餅印，有圓形、杏形，有橢圓形，也有魚形、豬形等等〔註15〕（林明體，1993）。

佛山月餅印，由餅印行雕製。月餅印有一定的規格，有行壓和加壓兩種，行壓為四個餅重合計一斤，加壓為四個合計一斤四兩。餅形多為圓形，也有正方形。餅面多刻有花卉圖案、品名、店號字樣，圖案一般都是寓意吉祥的。雕刻刀法簡潔，粗勁有力，進刀深直，刀路平滑，印紋清晰，脫模爽快，不粘粉垢，便於操作。餅印用木多為荷木，因其木紋細膩，雕刻方便，堅固耐用，不易破裂。因此，佛山月餅模深受餅家喜用，廣州、香港乃至東南亞各地餅家也多到佛山訂做月餅餅模，興盛時每年均有數十萬枚生產和出口。

佛山粿模花樣，比較別緻，與北京的「京式」或蘇州的「蘇式」不同，它具有佛山的傳統特色。如豬、青蛙、游魚等，為其他地方所罕見〔註16〕（林明體，1993）。

1. 豬：全身只有七厘米長，而豬頭佔去三分之一，肚大腰凹臀部肥壯，很有廣東豬獨之特點。

2. 青蛙：青蛙出現在糕點模子上，北方只有「五毒餅」（端陽應時糕餅，模上刻有青蛙、蛇、蠍、蜈蚣、壁虎組成的圓形圖案）。山則是一雙單個青蛙。在這青蛙粿模造型上，誇張了青蛙的兩後腿，故青蛙顯得躍躍欲跳，生動美觀。

3. 魚：全長十厘米，是以平槽刀法雕刻，出的糕點無浮雕之高低效果，然而魚身之大片鱗甲，寬厚的尾鰭，增強了魚的游動感。

4. 游魚：此粿模與前圖同是平槽刀法雕出者〔註17〕（王樹堅，1984）。佛山粿模形式多樣，有杏仁餅（圓形）、佛公餅（座佛形）、豬仔餅（豬

〔註13〕《增城縣志》，清同治十年增刻本。
〔註14〕《東莞縣志》，民國十六年鉛刻本。
〔註15〕林明體《嶺南民間百藝》，廣東：廣東人民出版社，1993年。
〔註16〕林明體《嶺南民間百藝》，廣東：廣東人民出版社，1993年。
〔註17〕王樹堅《拾遺記》，香港：美術家，1984年第38期。

形）、子孖金錢餅（金錢形）、鯉魚餅（魚形）、雙桃餅（桃形）、綠豆餅（蛋形），此外還有各種造型的，如雙虎云片、和合二仙、寶鴨戰蓬、荷蝶八仙等題材的數十種色餅模等，這些粿模為民眾所常用〔註18〕（王海霞，1995）。

（二）潮州粿糕餅印模現況

潮州粿模品類多，獨具特色。主要有粿印、糕印、餅印、糖印等。

每一類粿模的雕刻，各有花紋和造型，如用以印刷大米、糯米粉品的粿模，多是桃形、圓形、梅花形的，上刻喜、壽、福字和吉祥花卉，構成各種表示吉祥的圖案紋樣；食品店用的糕模，多刻以變形小動物，如兔、羊、龜、魚以及蓮、石榴、佛手等，俗稱什錦印；此外，還有六角形的糖塔模〔註19〕（王朝聞、鄧福星）。

潮汕地區擅於金木雕刻，故粿模雕刻也甚為精細，很有特色。各地所雕制的粿模，印出來的糕餅，體現了潮汕地區人民對美的理想與追求。

1. 紅色粿模（形式和尺寸皆與漳州雕刻者同），用米粉調成粿皮，包上紅豆餡或鹹餡（花生、蝦、肉、香菇等）出粿後，有的含紅色，是新年時敬神祀祖用。

2. 魚粿模以炒熟糯米粉加糖做原料，印製時，中間放一線，可以懸掛，是中秋節兒童們受歡迎之糕點。

3. 小花模是中秋時用的糕點模。一個模子上雕有五個不同形狀的糕式，有兔、桃、雞、果葉、菠蘿等，製作時中間放一長線，製作完成後，五個不同形狀的糕樣綁在一起，最受兒童歡迎。

4. 鼠粿模，鼠即中草藥「白頭翁」。糯米粉加上少許白頭翁根磨成之粉，包豆沙餡，再用鼠粿模出橢圓形菊花粿面紋樣。因白頭翁藥性能清熱解毒，白頭翁又有長壽之意味，故此類糕點出現在除夕歲首之日。

5. 壽龜粿模，如龜形，龜背文之中，刻一「壽」字，象徵長壽〔註20〕（王樹堅，1984）。

潮汕地區雕製粿模以潮州最為著名，過去雕制製作坊很多，多為世傳

〔註18〕王海霞《中國民間美術社會學》，江蘇：江蘇美術出版社，1995年，初版。
〔註19〕王朝聞、鄧福星等編《中國民間美術全集》，臺北：華一書局出版。
〔註20〕王樹堅《拾遺記》，香港：美術家，1984年第38期。

的。新中國成立前，潮州的時昌、中華等粿模製作坊，專做糕餅印，銷售于潮汕、梅縣和福建一帶，並出口到新加坡等地。市郊的意溪、浮洋、庵埠等鄉鎮也有雕刻製作粿模的作坊〔註21〕（王得溫、黃靜）。

（三）棉湖粿糕餅印模現況

棉湖雕製粿模，有悠久歷史，始于明代中期。古時棉湖粿印技藝沿媳不傳女之俗，把雕製粿印看作家傳至寶。該地今天仍有此類產品生產，除供應本地之外，還出口到東南亞各國。主要產品有什錦條印、龜印、桃印等。什錦條印多以飛禽、青果、蟲魚等紋樣刻印，線條流暢，深溝平底，頗有特色。

「而以斤兩來論。一般以五斤（直徑約為四十公分）、四斤、三斤、二斤、一斤、半斤為一套，特別大的要專門定做，還有雕刻成瓜果形的。這樣的月餅模做成的月餅多用來饋贈親朋好友。月餅模的才料多為棗木，質地堅硬，不易破損。用過後抹上食用油，掛在牆上則成了裝飾品。有的傳了幾代人，至今仍在使用著（徐藝乙，2001）。」〔註22〕徐藝乙著《身邊的藝術》書中描述月餅雖然是生產月餅的專用模具，但就其本身來看又是精美的雕刻藝術品。「而以斤兩來論。一般以五斤（直徑約為四十公分）、四斤、三斤、二斤、一斤、半斤為一套，特別大的要專門定做，還有雕刻成瓜果形的。這樣的月餅模做成的月餅多用來饋贈親朋好友（徐藝乙，2001）。」〔註23〕

圖3-1-12：生產月餅的專用模具　　　圖3-1-13：生產月餅的專用模具

資料來源：徐藝乙著，身邊的藝術書中描述生產月餅的專用模具。

〔註21〕王得溫、黃靜《神秘的龜文化》，寧夏：寧夏人民出版社。
〔註22〕徐藝乙著《身邊的藝術》，山東：山東畫報出版社，2001年7月，第一版。
〔註23〕徐藝乙著《身邊的藝術》，山東：山東畫報出版社，2001年7月，第一版。

圖 3-1-14：生產月餅的專用模具

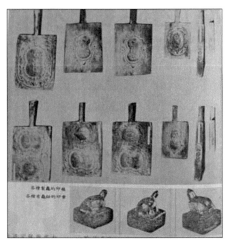

資料來源：徐藝乙著，身邊的藝術書中描述生產月餅的專用模具。

　　綜合上文獻所述可以得知大陸地區粿糕餅印模現況，也知道廣州、香港乃至東南亞各地餅家也多到佛山訂做月餅餅模，興盛時每年均有數十萬枚生產和出口。及佛山粿模花樣，比較別緻，與北京的「京式」或蘇州的「蘇式」不同，它具有佛山的傳統特色。如豬、青蛙、游魚等，爲其他地方所罕見。潮汕地區則是擅於金木雕刻，故粿模雕刻也甚爲精細，很有特色。棉湖地區雕製粿模，有悠久歷史，始于明代中期。該地今天仍有粿糕餅印模產品生產，除供應本地之外，還出口到東南亞各國。各地所雕制的粿模，印出來的糕餅，體現了各地區人民對美的理想與追求。

第二節　國內案例

一、臺灣

　　手工藝術與生活息息相關，木刻粿餅糕糖塔印模的製成隨著生命禮俗的演變而有不同的形式，爲求美感在產品設計上又加以變化，而在造型及樣式的選取方面，也依不同需求而改變，因之本研究將臺灣木製粿餅糕、糖塔印模國內案例爲主題來進行分析。

　　（一）簡榮聰在其所著之《臺灣粿印藝術：臺灣民間粿糕餅糖塔印模文化藝術之研究》中首先介紹「臺灣粿印」是指臺灣民間印製粿粄食品的模具，

它概括了粿印、糕印、餅印及糖塔模子。作者認為傳統手工雕刻之粿印雖具有高度藝術價值卻不被大眾重視，並未注重藝術與生活的融合，致使絕大多數的民眾無法認識珍惜粿糕餅文化之美。「臺灣粿印」是指臺灣民間印製粿粄食品的模具，它概括了粿印、糕印、餅印及糖塔模子。簡榮聰從人類學、工藝學、文化學的角度作切入，希望能發覺隱藏於粿印藝術下的文化特質，並將粿印工藝作系統整理，將粿印紋飾圖案蘊含之意義和在文化方面之功能作探討。

全書分七部分討論，分別就臺灣粿印的品類範疇、粿印與年節文化、生命禮俗、文化源流、製作背景、工藝美術、使用與印製方法來討論，最後並對粿印之文化藝術作省思〔註24〕。

書中描述漢族先民這份對天的畏懼、崇敬，轉化成供桌上琳瑯滿目的糕餅，在各式各樣婚喪喜慶祭祀中，「做粿」成為全家人共同的生活回憶。在農業社會中，人們就是透過這樣的手工製作，做出一塊塊象徵吉祥如意、財富連綿的粿餅，向神明訴說心中的願望。本書第貳章描述這些製作糕餅糖塔的「粿印」、「糕印」、「餅印」、及「糖塔模子」，在民間社會長時間的存在，不僅代表臺灣民間悠久的飲食文化，也反映了豐美的民俗信仰、節慶生活與禮儀往來。

在書中「第陸章」將視線集中在「粿印本身，鑑賞印模的材料美、形制美與雕刻技法，如代表『富貴有餘』的『魚形紋』、象徵『事事圓滿』的『柿花』、寓有『賜福長壽』之意的『四蝠拱龜』圖案等等，不但展現其工藝之美，也蘊含著豐厚的文化意涵（簡榮聰，1999）。」〔註25〕

（二）鄭淑君著之《傳統木製糕餅印模之研究——以臺南市傳統餅舖和文物館現存印模為例》為其碩士論文，一文研究主旨在於臺南市之糕餅印模的保存情況，內容較著重於糕餅印模之現況、種類、造型、紋飾、特徵與演變，以民間工藝藝術的角度去看傳統木製糕餅印模之價值〔註26〕。作者首先從傳統木製糕餅印模產生的背景意義談起，他認為這項民俗工藝的產生背景

〔註24〕簡榮聰《臺灣粿印藝術：臺灣民間粿糕餅糖塔印模文化藝術之研究》，臺北：漢光文化，1999年。

〔註25〕簡榮聰《臺灣粿印藝術：臺灣民間粿糕餅糖塔印模文化藝術之研究》，臺北：漢光文化，1999年。

〔註26〕鄭淑君《傳統木製糕餅印模之研究——以臺南市傳統餅舖和文物館現存印模為例》，臺南：國立成功大學藝術研究所，1999年。

與中國東南悠久的米食文化有密不可分之關係。在第一章第三節〈傳統木製糕餅印模的民俗意涵〉中，作者討論了傳統糕餅粿食與歲時節令、神明誕辰、生命禮俗間的關係，並列舉出應景、應時之糕餅粿食。

（三）由澎湖采風文化學會出版《朱盛文物紀念館展示圖錄 The Showing List Of Ju Sen Memorial Art Gallery》在書中前言寫到糕餅是我國傳統飲食文化的一環，但是早期的人生活清苦，多無福消受，只有名流仕紳或武將軍士，才有餘錢消費。清代馬公北甲也正是拜緊鄰官衙營署的地緣之賜，才能逐漸執澎湖糕餅業的牛耳。

後來糕餅和民俗節慶結合，許多年節祭祀都需要一些特殊的糕餅作祭品，糕餅不再是奢侈品。許多傳說的附麗或被賦予吉祥的象徵，更使糕餅與民俗融為一體，無論是生育婚喪，還是歲時祭祀都不可或缺〔註 27〕（澎湖采風文化學會，1998）。

一般日本人多愛吃甜食，日據時期，澎湖的日本軍方曾提供麵粉等材料，委託盛興代製糕餅點心。因此盛興也引進了許多迎合日軍口味的「日本餅」，主要有牛奶餅、糖果、麻薯等。這些日式糕餅點心不但造型新潮，甜度也比較高，當時曾留下不少作牛奶餅用的銅質模具，和一具木質的紅豆飯模子（圖 3-2-1～圖 3-2-3）。靠這筆軍方的生意，使盛興安然渡過了糕餅原料無法自由買賣的日軍管制時期，為澎湖的糕餅業留下了戰後復甦的生機〔註 28〕（澎湖采風文化學會，1998）。

圖 3-2-1：日據時期木質紅豆飯模

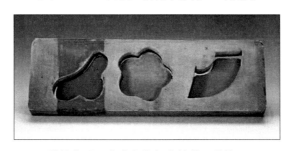

資料來源：朱盛文物紀念館展示圖錄。

〔註 27〕澎湖采風文化學會出版《朱盛文物紀念館展示圖錄 The Showing List Of Ju Sen Memorial Art Gallery》，澎湖：澎湖猜采風文化學會出版，1998 年。

〔註 28〕澎湖采風文化學會出版《朱盛文物紀念館展示圖錄 The Showing List Of Ju Sen Memorial Art Gallery》，澎湖：澎湖猜采風文化學會出版，1998 年。

圖 3-2-2：
日據時期銅質牛奶餅模

圖 3-2-3：
日據時期銅質雞蛋餅壓嘴模

資料來源：朱盛文物紀念館展示圖錄。　　　資料來源：朱盛文物紀念館展示圖錄。

第三節　小　結

　　由上述的國內外案例可以得知，對國內木刻糕餅印模造型與圖案未來提昇藝術價值之參考主要在於：

　　一、幾乎每一個地區粿糕餅模皆獨具特色，皆不一致，都有它們獨特的工藝之美作為主題，尤其是木製糕餅粿印模皆刻繪出線條流暢，或簡潔遒勁、或樸拙醇厚、或親切趣味的圖案無論布局、動態、神韻方面，都很值得詳細賞析。它們在「吉祥圖案」蘊涵了特殊意義，在文化方面、在美學的價值、在傳統藝術上定位，都值得我們去深思探討。

　　二、也有的專家學者認為傳統手工雕刻粿印之造型與圖案雖具有高度藝術價值卻不被大眾重視，任由粿印文物遭毀壞或賤價出售，加上無論公私收藏之粿印，皆僅做到展示而未達到教育、推廣之功能，尤其在學校、社會、家庭的鄉土文化教育中，並未注重藝術與生活的融合，致使絕大多數的民眾無法認識珍惜粿糕餅文化之美。

　　三、另外糕餅造型與圖案跟人民的生活息息相關，然而由於時代的變遷，許多傳統糕餅已漸漸失傳或被新式的餐點所取代。再加上經濟能力的提升，更使現代人隨時可以享受到世界各地的糕點。如今的糕餅已不再完全依附於傳統民俗，而嚴然成了人們日常飲食的新寵。

第肆章　臺灣木刻糕餅印模的發展

第一節　早期大陸唐山文化傳入的糕餅印模

一、早期大陸唐山文化傳入的糕餅印模（明末至清中葉）

　　粿糕餅糖塔印模的文化，源起於何時？其與中國大陸、臺灣清代、日據時期、光復之後的源流背景爲何？均有加以探討之必要。因此，本研究所要探討的，便是透過粿印所傳達的先民習俗、生活，與演化情形，還有它在民間藝術領域的發展狀況。

　　糕餅粿印，是臺灣漢族承傳中國大陸唐山先祖的飲食器物，將米麥磨粉，經印模製出，再經蒸炊完成的糕餅粿，形成特殊的精緻食品。尤其經印模原彫的美麗圖案所印製的花紋，更是富涵地方特色的民藝。

　　以「糕餅粿印的材料」劃分，先民經歷史長河的源流衍化，從「模範」中擷取靈感，而用之於、動物、植物、器貨圖案，由於考慮到雕刻材料的難易度，因此食品印模以「木製」較多，其次爲「陶瓷模印」，又其次爲「金屬模印」。「木質印模」的表面均塗有朱漆或乾漆，光滑可便印製，若年代久，使用多，漆會掉落形成斑駁狀。「陶瓷模印」有釉面與無釉面之分，即俗稱之「素燒」與「釉燒」，有不蛀不腐、不變花紋等優點；反之它也有易於缺損毀壞的遺憾。「金屬模印」所見有「鐵製狀元餅模」、「銅製糕餅模」、「鋁錫合金粿印」，爲預先鑄模，再加修刻的民藝品。

　　從「糕餅粿印的圖案」鑑賞，圖案紋飾變化多種，皆簡潔有力、清新典雅、美觀大方，有些作品刀法圓熟之外，更有氣韻生動之美。其中創新變

化最多的是「木模」，件件手工入刀雕刻，圖紋多異，而且為求實用，發揮功能，也多於木模兩面皆雕圖紋，側面刻魚紋、連錢紋，相當富有鄉土藝術之美。

明代中葉時，廣東佛山地區即有雕製粿糕餅糖塔印模行業的存在，廣東地區的印模雕刻業頗為興盛。佛山《金魚堂陳氏族譜》記載：「清中葉，金就嘗為範餅之模，以工藝度活。公以親父家貧，躬承父業，刻意雕鏤，巧奪天工，其門如市，乃節儉自處，遂以起家。」〔註1〕（林明體，1993）說明當地在清中葉時，已有以經營此業而起家者。由以上雕版、模塑相關技術的發展過程，可以推知，木製糕餅印模便已略見雛型，並隨著時代的推移而不斷治革改進，以致明代時有了確切的餅模業記載。

由於木刻糕餅印模這種小件木器自古以來即被視為雕蟲小技，文人雅士、碩儒飽學不為眷顧，因此有關臺灣木刻糕餅印模的發展概況，幾乎無人涉獵與探討。本研究將從大陸唐山文化的傳入、轉型與變異三個方向，來劃分並探討臺灣木刻糕餅印模從早期以迄今日的發展概況。

對許多臺灣人來說，拜拜是生活的一部份，無論逢年過節或遇到喜慶婚喪的場合，都難免燃起香柱，虔誠禮拜一番。臺灣盛產稻米，人們除了以米為主食外，並善於用米製作各式各樣鹹的、甜的點心，如粿、糕餅等，作為供品或禮品，每逢拜神祭祖婚喪喜慶的時候，用來祭祀或食用。每一種粿的食用，都結合在古老的習俗當中，往往被寄托著吉祥的含意，如發財、長壽、子孫繁衍之類，同時還帶有祈願、慶賀與祝福等意義。

明末到清初，由大陸移居臺灣的移民，大多來自福建省泉州、漳州一帶以及廣東省東部。這些地帶，都是南宋以來文化程度較高的地方，當他們來臺灣拓荒時，曾攜帶不少傳統的民俗工藝。而且在明、清之際，對岸的福州、泉州、廈門與潮州等地，不斷地利用帆船運來優美細緻的生活用具，使得早期的臺灣工藝幾乎完全承自於大陸內地。廣東潮汕地區自唐宋以來即盛行金漆木雕，且佛山地區在明代中葉時，即有餅模業的存在，迄今已有三百多年的歷史，佛山雕製的餅模除了供應當地餅業與家庭的需要外，甚至外銷到澳門、南洋等地。

早期臺灣的歲時節俗也是承自於大陸文化，因此臺灣本地所需要的糕餅印模，都沿襲原鄉形式。在此情況之下，早期臺灣的糕餅印模大都由福建、

〔註1〕林明體《嶺南民間百藝》，廣東：廣東人民出版社，1993年。

浙江與廣東等地輸入，此一時期，可謂是唐山技術的輸入時期。

第二節　中期臺灣自行雕製的糕餅印模

一、中期臺灣自行雕製的糕餅印模（清中葉－民國七十）

　　臺灣——地處大陸東南偏遠一隅，隔海孤懸於太平洋中，歷經荷蘭人、清朝、日本人統治，除少數原住民外，絕大部份的臺灣住民均由唐山大陸移民繁衍而來，因此，有許多臺灣文物深受唐山大陸文化影響，尤其傳承到閩南客家的習俗文化。雖然現今臺灣居民有所謂的閩南人、客家人、原住民、外省人等「四大族群」，但是經過非常長時間的自然融合，這種藩籬已逐漸打破，而產生了新的、獨具一格的臺灣人族群，並蛻變成一種獨具一格的新臺灣文化，這種新文化仍強烈地受到過去閩客文物的深刻影響，為緬懷先民的舊時情懷，也讓年輕的同胞認識臺灣早期文物，感受先人的智慧。

　　紅龜粿昔日廣為流傳於全臺閩客地區（圖4-2-1），主要以糯米為素材，經研磨製成米胚後，以龜型印模印製取出（圖4-2-2），再行蒸熟而成的紅背式龜形糯米粿（圖4-2-3、圖4-2-4）。早期臺灣的生活型態屬農村社會，為表達族人敬天祭祖的誠心及繁衍種族、教化後代之意念，每到逢年過節，即全家總動員製作紅龜粿，取其多福多貴多長壽多甜蜜，並感謝上蒼賜給食物之意，十足表現出農村社會恭敬誠樸的特性，逢年過節沾甜帶喜闔家歡樂的氣氛，一覽無遺。先民的生活智慧與美學，在飲食文化上表露無遺。

圖4-2-1：紅龜粿　　　　　　　　圖4-2-2：紅龜粿印模

資料來源：http://myweb.hinet.net/home4/larry0423/larry1/htm/beauty.htm。

圖 4-2-3：蒸籠　　　　　　　　圖 4-2-4：在蒸籠中的紅龜粿

資料來源：http://myweb.hinet.net/home4/larry0423/larry1/htm/beauty.htm。

　　臺灣地區的糕餅印模早期是依賴大陸的輸入，到了清代中期後，臺灣移民日漸增加，對糕餅印模的需求量日益增多。商人常年將糕餅印模做為商品運抵臺灣銷售，但由於船運的風險大，運費昂貴，考量長久供需成本，於是臺灣本地便逐漸自行生產雕製糕餅印模。

　　臺灣自行雕製的糕餅印模最先是以大陸地區輸入的印模形態為基礎，並加以仿製。後來受臺灣本土的風俗民情、自然條件與使用習慣等因素影響，而漸漸形成臺灣自己本土雕刻的糕餅印模特色。

　　而在臺灣自己本土雕刻的糕餅印模的材質、圖案、造型部份為：「最老」木模——所見形制皆為厚較大之烏心石木、雞油木、紅樟木製成「方形」，漆「朱紅」漆或無，正反兩面及兩側邊多彫刻圖案，「年歲」迄今在「百年以上」，紋飾都精美，刀法熟練，別具古樸之美的風格。「中老」木模——所見較「深褐色」之漆，或無，形製為「方形」，厚度亦大；彫刻圖案方面不一，紋飾亦老練而佳，「年代」約自「民國至二十年代」之間，各材質均有，唯年代愈久者，材質多屬堅硬木材。

　　「中年」木模——為日據時代晚期（民國二十年代以後）至「民國五十年代之間」，所見粿印色彩較淺。如「橘黃色」，形制「方形」，厚度較老舊為薄，彫刻圖案較淺，多只一面，或加側面，較早期者，色較深，多樟木及肖楠、紅檜。惟此時期，發現有　孤例：時間約在日據至民國四十年代之間（可能五十年代也有），形制方形，但版面有三塊，上下兩塊可活動，中間雕空，呈橢金圓之粿型，便於印粿，而印粿，而中塊上反面兩刻圖紋，連柄如舊制。

農業時期的臺灣社會，人人注重節慶禮俗，爲因應在年節慶典時，糕餅粿食的製作，當時每一戶家庭，大都擁有一二件糕餅印模。糕餅印模隨之在臺灣本地生根，融入百姓的生活之中，成爲不可或缺的生活用具。

第三節　近期大量化生產的糕餅印模

一、近期大量化生產的糕餅印模（民國七十年以後）

大約在二十年前，臺灣地區以手工雕製糕餅印模的行業逐漸沒落，使得許多糕餅印模的雕製技術從此失傳，現代人已難再製作出早期那般雕工精美，尺寸掌握合宜的糕餅印模了。因爲糕餅印模要的不只是能靈活變化出雕刻花樣，還需靠多年的經驗累積，控制雕刻的角度與斜度，方能製作出一件斤兩合宜的糕餅印模來。早期的糕餅印模件件需要手工雕製，由於每一位師傅在雕刻技術與個人涵養上的差異，所雕製出來的印模，件件不同，獨具特色，深富民間工藝價值。一直到今天，即使社會結構多已由農業社會轉型爲工商社會，但鄉下農家，仍使用它，在逢年過節時，它依舊是家庭主婦作粿過程中的幫手，以「文化人類學」角度看，它猶是一系列活的「習俗文化」。以「工藝學」的角度看，它是一種活的「實用藝術」。

「青年」木模──即晚近木模，時間從「民國六十年代至今」。其材質分爲兩種，「較早」者仍爲「木模」，「晚期」爲「塑膠模」，即今天市場所售器具。據糕餅業者表示，此類加活動框蓋粿模以客家人使用最多，因爲客家人的做粿原料較硬，不好擠壓成型，故加活動框予以輔助印製。此一樣式演變至今，在臺灣各地均可見到，已無明顯的地區分野。附加活動框蓋的目的有二：一使粿食的外形輪廓更爲平整美觀，方便製作；二則可以增加粿的厚度。

粿模、糕模、餅模係指製作粿或糕餅時所用的印模，大部份是木製的，也有陶燒。木製的模爲了符合結實耐用的要求，必須採用材質細密、堅硬如石的烏心石木；但是，買來烏心石木以後，得經一年以上的時間自然風乾，使它在製模後不會翹裂、變形。今日雖有塑膠製的粿模問世，但傳統的木模仍受喜愛。做粿或糕的模，通常會雕上精緻細密的圖案。印好圖案的粿用蒸的，不會影響紋路花樣；但是，餅模的線條必須簡單而深刻些，以避免餅在經過烘焙之後的花紋模糊不清。餅模的雕工精確，線條鋒利，頗有現代版畫

的立體效果。

　　民國七十年以後，出現工廠大量化生產糕餅印模的產業型態，由於現今的木製糕餅印模多有機器輔助，少了純手工雕製的樸拙之美。大量化生產之故，使得糕餅印模的形制完全統一，雕紋也趨向規格化，整體而言，印模紋飾較以往簡略。甚至由於木材的短缺，取而代之的是較為次等的材質，使木製印模經不起時間的考驗，進而腐蝕毀壞。早期用堅實木材所雕製的糕餅印模，多可保存上百年。今非昔比，基於以上種種原因，廉價輕便的塑膠製品（圖4-2-5、圖4-2-6）與堅實耐用的鋁製印模紛紛產生。臺灣由於塑膠製品漸漸取代日用器皿，連糕餅印模也用塑膠模製，統一量產，因此，從這之後，粿印的材質多為塑膠，且為紅塑膠製，這種塑膠印模的圖案與紋飾千篇一律，有龜紋、桃紋，卻少了側面的古錢紋及魚紋，也缺少早期手工雕刻的繁品多樣與富麗靈巧〔註2〕（簡榮聰，1999）。

圖4-2-5：塑膠製品印模　　　　圖4-2-6：紅龜粿

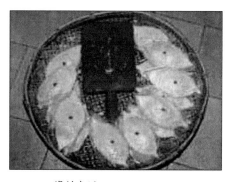

資料來源：http://myweb.hinet.net/home4/larry0423/larry1/htm/beauty.htm。

〔註 2〕簡榮聰《臺灣粿印藝術：臺灣民間粿糕餅糖塔印模文化藝術之研究》，臺北：
　　　　漢光文化，1999年。

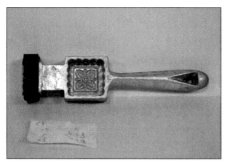

第四節　小　結

一、小結

　　儘管今天的「粿印」使用人口，已大不如前；而且今天粿印的質料已由過去的「木製陶瓷製」，蛻變爲「塑膠製品」；甚至於今天的「塑膠粿印」已由昔日的手雕刻變爲單調的「機器壓模」。但是，以「粿印印粿」的習俗，依樣地保留先民從唐山過臺灣時的禮節與敦厚的民心風格。糕印、餅印、粿印，都是臺灣民間食具的一種，河洛語又稱「糕模、餅模、粿模」，即是印製糕餅模的模子。它們的存在不僅代表著臺灣民間的飲食文化，也反映習俗信仰、節慶生活；同時也顯現藝術與生活結合爲一的傳統風格。以文化人類學的角度來看，它們猶是一系列活的習俗文化；以工藝學的角度看，它們是一種活的實用藝術；以以歷史學的角度看，它們依樣傳承先民從唐山過臺灣時的禮節與敦厚的民情風尚。

　　臺灣木刻糕餅印模的發展各期造型與圖案之特色的呈現如下表（表3-4-1）：

表 4-4-1：臺灣木刻糕餅印模的發展各期造型與圖案之特色呈現表

時期分類	各期造型與圖案之特色
早期大陸唐山文化傳入的糕餅印模（明末至清中葉）	1. 在明、清之際，對岸的福州、泉州、廈門與潮州等地，不斷地利用帆船運來優美細緻的生活用具，使得早期的臺灣工藝幾乎完全承自大陸內地。廣東潮汕地區自唐宋以來即盛行金漆木雕，且佛山地區在明代中葉時，即有餅模業的存在，迄今已有三百多年的歷史，佛山雕製的餅模除了供應當地餅業與家庭的需要外，甚至外銷到澳門、南洋等地。 2. 早期臺灣的歲時節俗是承自大陸文化，因此臺灣本地所需要的糕餅印模，都沿襲原鄉形式。在此情況之下，早期臺灣的糕餅印模大都由福建、浙江與廣東等地輸入，此一時期，可謂是唐山技術的輸入時期。
中期臺灣自行雕製的糕餅印模（清中葉一民國七十）	1. 臺灣自行雕製的糕餅印模最先是以大陸地區輸入的印模形態為基礎，並加以仿製。後來受臺灣本土的風俗民情、自然條件與使用習慣等因素影響，而漸漸形成臺灣自雕的糕餅印模特色。 2. 農業時期的臺灣社會，人人注重節慶禮俗，為因應在年節慶典時，糕餅粿食的製作，當時每一戶家庭，大都擁有一二件糕餅印模。糕餅印模隨之在臺灣本地生根，融入百姓的生活之中，成為不可或缺的生活用具。
近期大量化生產的糕餅印模（民國七十年以後）	1. 民國七十年以後，出現工廠大量化生產糕餅印模的產業型態，由於現今的木製糕餅印模多有機器輔助，少了純手工雕製的模拙之美。大量化生產之故，使得糕餅印模的形制完全統一，雕紋也趨向規格化，整體而言，印模紋飾較以往簡略。 2. 甚至由於木材的短缺，取而代之的是較為次等的材質，使木製印模經不起時間的考驗，進而腐蝕毀壞。早期用堅實木材所雕製的糕餅印模，多可保存上百年。今非昔比，基於以上種種原因，廉價輕便的塑膠製品與堅實耐用的鋁製印模紛紛產生。 3. 臺灣由於塑膠製品漸漸取代日用器皿，連糕餅印模也用塑膠模製，統一量產，因此，從這之後，粿印的材質多為塑膠，且為紅塑膠製，這種塑膠印模的圖案與紋飾千篇一律，有龜紋、桃紋，卻少了側面的古錢紋及魚紋，也缺少早期手工雕刻的繁品多樣與富麗靈巧

資料來源：本研究整理（2007）。

第伍章 臺灣木刻糕餅印模造型與
圖案各匠師之訪談分析

第一節 前 言

手工藝是傳統自然經濟和農業社會的產物，與人類的生活息息相關，對當時社會的發展也有很大的貢獻，這些傳統的手工藝反應的不只是社會經濟發展歷程中的產物之一而已，它是人類文明真實的歷史紀錄，活生生的表露了人與人之間的真誠和情感，在手工藝活躍的時代，一件產品的完成，常常是要製作者與使用者溝通之後製作出來的，可說是量身訂作的，製作者與使用者共同生活在同一個環境下，沒有絲毫的虛偽，這些手工藝品除了實用的價值外，還隱含了濃濃的人情味。

手工藝的傳承需要技能，而這種技能是無法詳細言傳的，也無法透過一些規則而流傳下來，只靠師傅教徒弟透過示範的方式而流傳，這樣的過程就花不少時間，因為，手工藝的傳承可說是一個「用手去記憶」的過程，不是書籍，文字，繪圖和圖片能表達清楚的，而且，一件手工藝完成是否合格，也不是靠數字去衡量，而是靠師傅自己的手指去判斷，而是長年的經驗和活動的手指〔註1〕（柳宗悅，1984）。本研究將糕餅印模從其名稱、用途、造型、圖案種類等方向來加以論述。並以臺灣木刻糕餅印模造型與圖案各匠師之訪談來進行分析與歸納。

本研究共採訪四位匠師來進行分析，分別為林德金師傅、游有義師傅、

〔註 1〕 日本柳宗悅著《民藝四十年》，岩波書店，1984 年。

鄭永斌師傅、游有成師傅。為何選擇這四位師傅作為本研究之訪談對象，是因為四位師傅目前均還有在從事糕餅印模之創作。及其糕餅印模的造型與圖案具有一脈相傳的風格。而且四位師傅刻糕餅印模的雕刻生涯均為三十年以上的歷史，一生都在創作糕餅印模，對木刻糕餅印模有著深厚的情感與熱忱，筆者採訪四位匠師也發現在他們的工作室或工廠的工具、公版模型、雕刻刀、器材都很齊全，而四位匠師也是目前在食品工具材料行都有在銷售他們的作品產品，筆者也訪問了幾位民俗文物收藏家〔註 2〕也很推崇這幾位師傅，四位匠師也都熱心積極參與一些木刻糕餅印模民俗活動教育之推廣例如：游有義師傅曾經擔任臺中市糕餅公會理事長，參與太陽餅認證活動。鄭永斌師傅參與三義木雕藝術節木刻糕餅印模的示範，大墩工藝美展的參與。另外對於筆者之採訪都給予相當大的支持與鼓勵並拿出珍貴的手稿、收藏已久的糕餅印模與筆者分享。

第二節　林德金師傅

　　林德金師傅籍貫為臺中縣，出生地為臺中市目前職業是印模雕刻師傅已於民國九十四年時退休，但還是有接一些廟宇的木雕回來雕刻〔註 3〕（圖5-2-1、圖 5-2-2）。

圖 5-2-1：	圖 5-2-2：
林德金師傅的廟宇木雕作品	林德金師傅的工具

資料來源：本研究者拍攝 95/3/27。　　　　資料來源：本研究者拍攝 95/3/27。

〔註 2〕民俗文物收藏家為李啟宏老師、陳惠聲老師。
〔註 3〕林德金師傅表示廟宇的木雕雕刻都是作義工，義務幫忙，不收費用的。

師承狀況為：民國三十一年（十四歲）國小畢業，（受日本教育）與黃慶華師傅習藝民國三十三年（十六歲）從事木作雕刻，並因此習得木雕之基本技法民國四十六年（二十九歲）正式投入，食品模具雕刻至民國九十四年為止（圖 5-2-5）。

圖 5-2-3：林德金師傅 糕餅印模手稿繪製示範

圖 5-2-4：林德金師傅與林師母 糕餅印模手稿繪製示範

資料來源：本研究者拍攝 95/3/27。　　　　資料來源：本研究者拍攝 95/3/27。

圖 5-2-5：林德金師傅習藝傳承圖

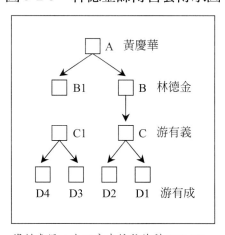

資料來源：本研究者採訪繪製 95/3/27。

學藝動機：為國小畢業以後，跟著黃慶華師傅（臺中縣人）學平面菜櫥雕刻，學習了三年四個月出師那時是日本時代也製作木桶子、尿桶子、水桶子、豆醬桶的木雕都銷售給日本的軍人用，後來，林師傅就轉做糕餅印模雕刻，在民國四十六年自己創業剛開始一天約作 2～3 個後來一天約作 4～5 個

成品送至五金行及食品材料行寄賣及自己也有銷售，一直做到民國九十四年為止。

印模製作材料，原先是以為烏心石木為大宗，因為它的木理均勻細緻、富光澤、木質堅硬、強韌、易乾燥、不易劈裂，徑斷面具特殊花紋，加工性適中、釘著力強、塗裝性佳，非常適合製作粿印，臺灣早期許多家具也都使用此木材，直到臺灣禁止開墾林林之後，木材原料就得從世界各國進口，包括印尼、越南的烏心石木等。林師傅覺得實用性很重要，有關製作印模的材料，目前最常見、為數最多的是木製粿印，材料可包含樟木（有目，不好刻）、烏心石木、楠木、肖楠木、紅檜木等。

傳藝情形：技術傳承於游有義師傅與游有成師傅。銷售管道為成品的銷售分布臺灣各地，大多是批發至食品原料批發商，然後再銷售到各食品行，當然也有部分是食品行直訂製或購買，多以實用性為主；用以收藏裝飾則為數較少。由於塑膠製品的大量製作，木製粿印的需求量也受到影響，但內行人還是喜歡且習慣使用木製粿印，所以還有一定的需求供應量。不同於過去農村社會裡，家家戶戶逢年過節做粿、印糕仔習俗下的大量需求，現在僅剩中秋佳節，才有大量印模的需要，因此通常中秋之前也都是師傅他們的大日子，會是師傅們最忙的一段日子。收入情形：價格的訂定：目前印模行情餅重 1.2 兩或 1.5 兩的一支約 500～600 元，一支是一個圖案。糕模才可以刻很多個圖案。有觀賞、也有針對客人實用需求刻的、也有客人設計好商標圖形再給師傅們刻的，一支約 1200 元。

對於未來展望：林師傅是第一次接受採訪以前常常有學生、研究生、專家學者要訪問林師傅，但是林師傅都不願意，因為師傅認為這只是他的一份工作沒什麼好訪問的，今年度林師傅兒子生病過世，師傅突然覺得人生好無常，好無常，沒什麼好計較，所以願意接受筆者的訪問，畢竟有人去關心木雕印模這行業。去關心臺灣的本土文化〔註4〕（圖5-2-6）。

圖 5-2-6：林德金師傅與林師母講解如何雕刻

資料來源：本研究者拍攝 95/3/27。

〔註 4〕 以上內容皆為本研究者親自訪問之田野調查資料。

第三節　游有義師傅

　　游有義師傅現今爲永全食品機械器具股份有限公司的負責人，公司位於臺中縣潭子鄉東寶村民族路一段一巷七十六號。永全食品機械器具股份有限公司創立時間爲民國六十四年至今。

　　師承狀況爲：民國五十四年國小畢業前往臺中與林德金師傅〔註5〕習藝三年四個月，從事公媽牌木作雕刻與木製糕餅印模雕刻，並因此習得木雕之基本技法。民國五十九年正式投入食品模具雕刻，並將木製糕餅印模寄賣於五金行。民國六十四年開設永全食品機械器具股份有限公司至今（圖5-3-1）。

圖 5-3-1：游有義師傅習藝傳承圖

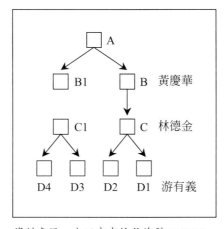

資料來源：本研究者採訪繪製 95/2/28。

　　學藝動機爲：傳統糕餅、粿模雖有少數的陶瓷或金屬製品，但仍以手工的木製品爲主。而雕刻模具的師傅，最早是從唐山來到臺灣鹿港，再從鹿港師傅傳播到臺灣各地，傳承上大多是父傳子。現年五十五歲的游有義回憶說，當初他國小畢業才十三、四歲，就離鄉背井到豐原跟著舅舅當學徒，從「公媽牌」的雕刻開始學起，經歷了三年四個月「刻苦耐勞」的學徒生涯，每天從早忙到晚。所以即使沒學到工夫，至少也磨了耐性，而學雕刻最需要的就是耐性。從事糕餅、粿模的雕刻已長達三十餘年，經手刻製的模具至少有好幾萬支。游師傅說，從前農業時代除了日常的農務要忙，家家戶戶也會

〔註5〕林德金師傅是游有義師傅的親舅舅。

在節慶或農暇時製作各式的糕餅和粿，不但是祭祀時的供品，到田裡耕作時也可以帶著當點心，更是孩子們最喜愛的零食。因此那時候的糕餅、粿模，除了應付糕餅店的訂製之外，也會交由五金行去零售。

退伍後游師傅回到臺中潭子創業，那時候交給糕餅店的模具，包括月餅、禮餅、糕仔、糖塔、粿模等等，而一般人家裡也都還製作各類的米食，所以模具的需求仍相當大。當時他最高記錄是十五分鐘刻一支粿模，一天可以刻五十支，即使刻到手指長繭、變形，依然應付不了市場的需求。民國六十四年開設永全食品機械器具股份有限公司至今（圖5-3-2、圖5-3-3）。

圖5-3-2：永全食品機械器具　　　　圖5-3-3：永全食品機械器具
　　　股份有限公司的外觀　　　　　　　　股份有限公司的內部機器

資料來源：本研究者拍攝95/2/28。　　　資料來源：本研究者拍攝95/2/28。

傳藝情形為基於傳統手工刻模的逐漸凋零，十年前他們開始轉型為機械化刻模，並生產製作糕餅的機器，主要服務對象也轉為專業的糕餅店或烘焙工廠。游有義師傅的兒子游瑞程說，有許多老字號的糕餅店如今大多轉型為自動化量產，對餅模容積、尺寸的要求不僅愈益精密，紋飾的設計更具繁複的多層次變化。

在這種商業考量下，對相同模具的需求自然相當大，若仍採用手工刻模，不僅來不及刻製，也會因為模子的誤差過大，而造成量產過程不必要的材料耗損。所以當工廠開發出新造型的糕餅，便會請他們以手工刻製木模作為打樣，然後以木模「試敲」糕餅，待糕餅歷經烤箱烘焙，因遇熱膨脹變形之後，再依據此一成品之造型、紋飾修整模具，等確認沒問題，才製作量產過程使用的塑膠或鋁合金機械模（圖5-3-4、圖5-3-5）。

圖5-3-4：永全食品機械器具股份
有限公司到世貿中心展覽的機器

圖5-3-5：永全食品機械器具股份
有限公司到世貿中心展覽的機器

資料來源：本研究者至世貿中心食品器具展拍攝95/1/28。

　　日前他們曾應客戶需求，製作了一五〇斤的特大號粿模，做出來的紅龜
粿將厚達二十公分。游瑞程說，當初他曾考慮跟父親學習傳統刻模工夫，不
過後來還是選擇去學電腦程式設計，而這件粿模其實就是結合傳統刻模技
術，在電腦中繪製圖樣，以程式設定紋飾的各種刀法、角度與深度，然後交
由自動化機器進行雕刻，總共歷時五個小時才完成。如果以人工刻製的話，
恐怕得花上五天的時間，不但是項艱鉅的工作，而且也很難刻得如此細膩，
所以這不僅是產業轉型後的成果，更見證了模具的雕刻已經進入電腦科技的
時代（圖5-3-6、圖5-3-7）。

圖5-3-6：永全食品機械器具股份
有限公司到世貿中心展覽的機器

圖5-3-7：永全食品機械器具股份
有限公司到世貿中心展覽的機器

資料來源：本研究者至世貿中心食品器具展拍攝95/1/28。

　　銷售管道糕餅印模成品的銷售分布臺灣各地，主要服務對象也轉爲專業的糕餅店或烘焙工廠，或是批發至食品原料批發商，然後再銷售到各食品行，當然也有部分是食品行直訂製或購買，多以實用性爲主；用以收藏裝飾則爲數較少。

　　到了現今的工商社會，民眾早已無暇自己製作傳統米食了，大多是在坊間或市場購買現成的；而且又有西式麵包、蛋糕的選擇，以及塑膠模具和大陸廉價模具引進，都使得手工刻模這行業漸漸失去了競爭力。

　　因此就師傅所知，北部刻模的師傅早就已凋零得差不多了，他自己雖然還能刻，也因爲老花眼而將棒子交給了弟弟游有成；其他帶過的十幾位徒弟，只剩下一位還繼續從事這行業，算起來全臺灣可能剩不到幾位師傅了！他笑稱，現在臺灣的年輕人都缺乏耐性，手工刻模這行業恐怕即將面臨失傳，所以如今他們改與專業的糕餅烘焙公司合作，朝自動化生產和機械刻模的方向發展（圖5-3-8、圖5-3-9）。

圖5-3-8：永全食品機械器具股份　　圖5-3-9：永全食品機械器具股份
　　有限公司的內部模具的陳設　　　　有限公司的內部模具的陳設

資料來源：本研究者拍攝95/2/28。　　資料來源：本研究者拍攝95/2/28。

　　游師傅對糕餅模具的世代交替的個人看法：傳統農業社會每到了過年、節慶或婚嫁，總有許多形形色色的糕仔、紅龜粿、草仔粿、月餅或禮餅，來迎接熱鬧非凡的佳節。它們除了用於敬拜神明、祭祀祖先等宗教儀式，更陪伴人們走過婚嫁完聘、祝壽等重要的生命禮俗。而這些色彩豐富、琳琅滿目的米食，不但增添了佳節的歡樂氣氛，各式的糕餅、粿模，更深深烙印出先民對生活的願景，也記錄著飲食文化的傳承。

　　從前在做這些米食時，不但採用天然素材、不添加防腐劑，相當衛生，製作上也都是慢工出細活。像磨好的糕仔粉必須先「凍露水」半個月，熬好的糖也得放著發酵一個多月，這樣做出來的糕仔口感才會 Q 軟、鬆脆。至於紅龜粿，則是將磨好的糯米，壓出多餘的水分成爲「糯米萃」，取一部分經水煮之後，重新拌合搓揉，加入適量的紅花米（食用紅色素），然後包入豆沙餡、壓在粿模上，再倒扣在蕉葉上，蒸熟後即可食用。

　　相信這種鮮紅欲滴、喜氣洋洋的紅龜粿，大家一定都印象深刻，這是取其龜壽綿延、壽比南山之意，常見於傳統節慶、祭祀或祝壽。游師傅說，完整的龜型圖樣稱爲「正龜」，包括頭尾、前足五爪、後足四爪、中間「福祿壽」等字樣，還有文字外圍「十三省」的紋飾、龜殼邊緣半圓型的「二十四山」、以及各種裝飾性花紋；而背面的桃型和兩側環狀的連錢紋，也都具有祝壽及財運連綿的象徵。不過這種「正龜」的圖樣，通常都是廟裡正式的祭祀，或較大尺寸的粿才會採用，坊間販售的紅龜粿或粿模，大多採用簡化的龜型（圖5-3-10、圖 5-3-11）。

圖 5-3-10：游有義師傅講解
龜模的圖形與造型之意義

資料來源：本研究者拍攝 95/2/28。

圖 5-3-11：
游有義師傅雕刻的巨大龜模

資料來源：本研究者拍攝 95/2/28。

　　近年來，臺灣的電子業和傳統產業高喊著「產業升級與轉型」，相較之下，傳統的手工刻模恐怕算是一門「古老的行業」。但是經由游氏父子、游氏兄弟的集思廣益和通力合作，卻將之提升爲現代化的科技產業，走出一條屬於自己的路。不僅保存了傳統手工的技藝，爲米食文化留下深刻的烙印，相

信更足以作爲其他產業的借鏡〔註6〕。

第四節　鄭永斌師傅

　　源豐工藝社鄭永斌師傅是一位對木刻糕餅印模有著深厚的情感與熱忱的師傅。目前職業爲專職的印模雕刻師傅。

　　師承狀況民國六十七年初中畢業前往高雄與郭文興師傅習藝，民國六十八年於桃園大溪從事廟宇木作雕刻與神桌雕刻並因此習得木雕之基本技法，民國六十九年正式投入食品模具雕刻至今。

圖 5-4-1：鄭永斌師傅習藝傳承圖

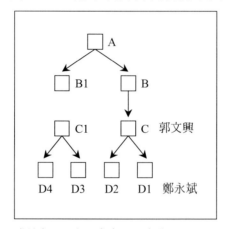

資料來源：本研究者採訪繪製 95/3/28。

　　學藝動機與多數從事手工藝術的人一樣，鄭師傅國中畢業以後，接受學校的安排至國民就業輔導中心學習，就業輔導中心安排到高雄的木雕工廠跟著郭文興師傅〔註7〕學木雕窗花雕刻，那時的木雕窗花都外銷南美洲、非洲，鄭師傅學藝的時間約二年多，剛剛開始時要從磨刀子開始，後來學習雕刻，技術愈來愈熟練就加入一些鄭師傅自己想出來的新技法技術，二年後，鄭師傅到桃園大溪從事廟宇木作雕刻，與神桌雕刻並因此習得木雕之基本技法，鄭師傅曾在三義及大溪待了一段時間，但廟宇的工作並不穩定，在民國六十九年時來到臺中游師傅那裡工作，前一、二年都要被綁著幫忙賺錢，後來到

〔註 6〕以上內容皆爲本研究者親自訪問之田野調查資料。
〔註 7〕郭文興師傅爲高雄崎山人。

臺中游師傅那裡工作，是顧約制，共待了約七年的時間，後來鄭師傅就自己創業（圖 5-4-2、圖 5-4-3）。鄭師傅正式投入印模模具雕刻至今。入行已有三十年了，鄭師傅估計目前全省糕餅店使用的印模，大概最少有三分之一的成品出自鄭師傅的手裡。

圖 5-4-2：鄭永斌師傅雕刻示範　　　　圖 5-4-3：鄭永斌師傅雕刻示範

資料來源：本研究者拍攝 94/8/28。　　　資料來源：本研究者拍攝 94/8/28。

重要製作材料為：樟木、進口非洲柏木、烏心石木、進口沙比利木、楠木、肖楠木、紅檜木印模製作材料，原先是以為烏心石木為大宗，因為它的木理均勻細緻、富光澤、木質堅硬、強韌、易乾燥、不易劈裂、徑斷面具特殊花紋，加工性適中、釘著力強、塗裝性佳，非常適合製作粿印，臺灣早期許多家具也都使用此木材，直到臺灣禁止開墾林林之後，木材原料就得從世界各國進口，包括非洲、越南的烏心石木等。鄭師傅覺得實用性很重要，有關製作印模的材料，目前最常見、為數最多的是木製粿印，材料可包含樟木、烏心石木、楠木、肖楠木、紅檜木等；其他還包括錫鋁合金製成的金屬模印（圖 5-4-4、圖 5-4-5）、磚土燒製成的磚胎模印、陶瓷窯高溫燒製的磁質模印（圖 5-4-6）、陶瓷窯低溫燒製成的陶質模印（圖 5-4-7）、等等。在實用上仍是以木製模印為糕餅業者所普遍接受，其他各材質流通性較小。

早期是以烏心石木為大宗，因為它的木理均勻細緻、富光澤、木質堅硬、強韌、易乾燥、不易劈裂、徑斷面具特殊花紋，加工性適中，釘著力強、塗裝性佳，非常適合製作印模，臺灣早期許多家具也都使用此木材，直到臺灣禁止開墾林林之後，木材原料就得從世界各國進口，包括非洲進口非洲柏木、進口沙比利木、越南的烏心石木等。

圖 5-4-4：鄭永斌師傅收藏的
錫鋁合金製成的金屬模印

資料來源：本研究者拍攝 95/2/28。

圖 5-4-5：鄭永斌師傅收藏的
錫鋁合金製成的金屬模印

資料來源：本研究者拍攝 95/2/28。

圖 5-4-6：鄭永斌師傅收藏的
陶瓷窯高溫燒製的磁質模印

資料來源：本研究者拍攝 95/2/28。

圖 5-4-7：鄭永斌師傅收藏的
陶瓷窯低溫燒製成的陶質模印

資料來源：本研究者拍攝 95/2/28。

　　銷售管道為糕餅印模的成品的銷售分布臺灣各地，大多是批發至食品原料批發商，然後再銷售到各食品行，當然也有部分是食品行直訂製或購買，多以實用性為主；用以收藏裝飾則為數較少。由於塑膠製品的大量製作，木刻粿印的需求量也受到影響，但內行人還是喜歡且習慣使用木刻粿印，所以還有一定的需求供應量。不同於過去農村社會裡，家家戶戶逢年過節做粿、印糕仔習俗下的大量需求，現在僅剩中秋佳節，才有大量印模的需要，因此中秋之前也都是師傅他們的大日子，鄭師傅會是最忙的一段日子。除了迪化街洪春梅食品材料行及其他二十多間的材料行（臺東、宜蘭、花蓮、外島還

沒有合作之團體），大部份的合作對象以北部及中部居多，成品的銷售分布臺灣各地，大多是批發至食品原料批發商，然後再銷售到各食品行，當然也有部分是食品行直訂製或購買，這些是以實用性為主；不過也有以收藏裝飾為主，但是為數較少。由於塑膠製品的大量製作，粿印的需求量也受到影響，但由於傳統食品行內行人還是喜歡且習慣使用木製粿印，所以還是有一定的需求供應量。

　　收入情形：價格的訂定方面鄭師傅與游師傅有商量價格統一，目前印模行情餅重 1.2 兩或 1.5 兩的一支約 800 元，一支是一個圖案。糕模才可以刻很多個圖案。有觀賞、也有針對客人實用需求刻的、也有客人設計好商標圖形再給我刻的，所以價格絕不能亂定，不然客人會反彈。

　　問到鄭師傅的印模圖案來源及參考樣式為何？鄭師傅保留了許多古樣式花草圖案的手稿資料。從眾多的印模圖案中可以發現，它們都具有吉祥、祈福的象徵意義，其中為數較多者為「福龜印模」與「壽桃印模」，一般人常提到的紅龜粿，即是印有龜的圖案，龜在中國文化具有相當悠久的歷史，自古即是廣受尊敬的動物出現頻率頗高，例如殷商時代的甲骨文字，乃是刻畫在龜甲或牛骨的貞卜文字，周朝有官名稱為「龜人」，專門掌管卜筮，又有以龜當作錢幣使用的古例，漢朝之官印常刻龜形的印鈕，銅鏡上常刻上龜的圖案，唐朝的官職佩掛的龜袋，是作為官服的飾物，在在可見龜受到的重視。壽桃即是「蟠桃」，作為長壽之象徵，在古代有桃符、桃板，有具避邪之效，民間故事中也有「西王母蟠桃獻壽」、「孫悟空偷吃蟠桃」的故事，蟠桃的形態諸多不同，但都是基於長壽、吉祥的理念。

　　通常粿印側面雕有小型的圓圈，稱之為「連錢紋」，表示古錢連貫的紋樣，含有子孫繁衍不息的意思；另一面雕有小型的「魚型圖」，象徵年年有餘。除此之外還包括：元寶、菊花、蝙蝠、石榴、花果、龍鳳、及人物等諸多圖案〔註8〕。鄭師傅覺得印模雕刻與一般木雕最大的差異性在：廟宇雕刻技巧較高，有的是浮雕、有的是立體雕刻，印模的雕刻和一般的木雕不一樣的地方在於它是陰雕成形，遇到文字時還要左右相反，木雕則以陽刻居多；雖然目前雕製這些印模已有部份機器輔助，但細膩的線條花紋還是要靠手工下去精雕。雖然也有人用塑膠或鍛鐵翻模成型，但都不如傳統木雕的線條稜角有致和耐用，所以鄭師傅覺得還是手工雕刻最有美感最耐看。

〔註 8〕鄭永斌師傅一一展示，並訴說自己製作及收藏印模式的各種圖案。

圖 5-4-8：鄭永斌師傅　　　圖 5-4-9：　　　　　圖 5-4-10：
雕刻的大型龜印模，　　　鄭永斌師傅雕刻的　　鄭永斌師傅雕刻的
印模造型有手柄　　　　　大型龜印模　　　　大型龜印模，有上朱漆

資料來源：本研究者拍攝 95/2/28。

　　鄭師傅目前從事印模雕刻遇到最大的難題是：面對時代的變遷，鄭師傅覺得有幾許的無奈，近來還有人從大陸進口了大批的木刻印模，因為做工粗糙，刀工不乾淨，雕工草率，反應不佳，而且做生意信用很重要，大陸人做生意較沒信用，土地太大、商譽太差、又時常收不到錢。並沒有造成太大的衝擊，但是假以時日，恐怕終必造成威脅。反正鄭師傅都還能做，能做多久就做多久了。而且在鄭師傅心中總有一股傳承的使命支持著，若無使命感支持鄭師傅恐怕也已經轉業到他行去了。問到鄭師傅對技藝的傳承有何展望，會希望子女接衣缽嗎？鄭師傅說到技術傳承是很感傷的，現在的人沒人要學這門技術手藝了，找不到徒弟也是沒有辦法的事。二十歲的女兒十五歲的兒子我都不希望他們走這一行，因為要考慮市場及出路的問題。

　　鄭師傅也收集了十多年的餅模、粿模、糖模印模〔註9〕，這些印模都是出自民間，花紋、線條、圖案都非常生動，而歲月痕跡更呈顯它的樸拙美麗，鄭師傅也拿出他自己刻的印模，並如數家珍的說明，一一介紹讓筆者了解各種印模模的形制，有糕仔印，紅龜粿印，月餅、喜餅模等，四方形的南部餅多送到屏東，而「三斤」的大餅模都是新竹來訂的，而比較特別的豬、雞、魚形的糕餅印模，是中元節用來做代替三牲禮的。舊的模子四面都有圖案，木頭充份利用，粿模則雙面使用，也有做三面的，糕模才需要打洞要透氣讓

────────────────

〔註9〕 鄭永斌師傅拿出許多他收藏的老的印模出來給我欣賞、拍照、做記錄。

糕丫可以敲出來。在日據時代「連錢紋」很流行俗稱「ㄅㄢˋ啊」！也很流行龜、尖桃、圓桃這些圖形。

鄭師傅喜歡石頭，曾經擔任臺中石友會理事長（圖5-4-12），也喜歡民間工藝，收集不少相關的工藝品，是臺中市雕刻工會會員，參與三義木雕博物館雕刻活動講座及示範，鄭師傅也喜歡交朋友，最好的朋友是已過世的藝術家陳庭詩先生〔註10〕（圖5-4-11、圖5-4-13、圖5-4-14）。鄭師傅也很喜歡與筆者聊天〔註11〕。至於未來展望鄭師傅很高興現今有學生、研究生去關心木

圖5-4-11：鄭永斌師傅與
藝術家陳庭詩先生的合照

資料來源：本研究者拍攝94/8/28。

圖5-4-12：藝術家陳庭詩先生寫給
鄭永斌師傅的書法「以石會友」

資料來源：本研究者拍攝94/8/28。

圖5-4-13：藝術家陳庭詩先生
贈與鄭永斌師傅的版畫作品

資料來源：本研究者拍攝94/8/28。

圖5-4-14：藝術家陳庭詩先生
贈與鄭永斌師傅的雕塑作品

資料來源：本研究者拍攝94/8/28。

〔註10〕鄭永斌師傅家中有許多陳庭詩遺留下來的作品。
〔註11〕鄭永斌師傅非常熱情請我喝茶、吃月餅，還送我三本有關印模雕刻的書。

雕印模這行業。若是以後有機會有能力，鄭師傅期許自己可以成立一間木雕印模博物館，讓常長久以來收集的印模及作品呈現在世人面前。大家一起推動這民間工藝，是鄭師傅很大的期望〔註12〕。

以下是鄭永斌師傅製作雕刻糕餅印模的過程：

一、構思過程（參考資料、文物）

從眾多的印模圖案中可以發現，它們都具有吉祥、祈福的象徵意義，其中為數較多者為「福龜印模」與「壽桃印模」，一般人常提到的紅龜粿，即是印有龜的圖案（圖 5-4-15），龜在中國文化具有相當悠久的歷史，自古即是廣受尊敬的動物出現頻率頗高，例如殷商時代的甲骨文字，乃是刻畫在龜甲或牛骨的貞卜文字，周朝有官名稱為「龜人」，專門掌管卜筮，又有以龜當作錢幣使用的古例，漢朝之官印常刻龜形的印鈕，銅鏡上常刻上龜的圖案，唐朝的官職佩掛的龜袋，是作為官服的飾物，在在可見龜受到的重視。

圖 5-4-15：鄭永斌師傅親手
繪製的福龜印模設計草稿

圖 5-4-16：鄭永斌師傅親手
繪製的糕仔印模設計草稿

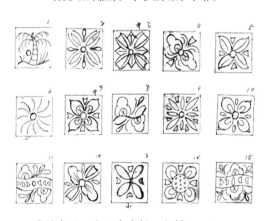

資料來源：本研究者掃描拍攝 94/8/28。　　資料來源：本研究者掃描拍攝 94/8/28。

壽桃即是「蟠桃」，作為長壽之象徵，在古代有桃符、桃板，有具避邪之效，民間故事中也有「西王母蟠桃獻壽」、「孫悟空偷吃蟠桃」的故事，蟠桃的形態諸多不同，但都是基於長壽、吉祥的理念。

通常粿印側面雕有小型的圓圈，稱之為「連錢紋」，表示古錢連貫的紋

〔註12〕以上內容皆為本研究者親自訪問之田野調查資料。

樣，含有子孫繁衍不息的意思；另一面雕有小型的「魚型圖」，象徵年年有餘。除此之外還包括：元寶、菊花、蝙蝠、荔枝、石榴、花果、龍鳳、人物等諸多圖案（圖5-4-16、圖5-4-17、圖5-4-18）。

圖5-4-17：鄭永斌師傅親手
繪製的糕仔印模設計草稿

圖5-4-18：鄭永斌師傅親手
繪製的大甲媽大餅印模設計草稿

資料來源：本研究者掃描拍攝94/8/28。　　資料來源：本研究者掃描拍攝94/8/28。

二、手稿

我保留了許多古樣式花草圖案的手稿資料。

三、製作步驟

（一）首先是備料

準備要雕製的木材原料，目前原料大多來自於豐原木材集散市場（圖5-4-19、圖5-4-20）。大部分的糕餅印模在製作糕餅時，均需經過敲擊的動作，才容易脫模，製作出隨緻的糕餅來。糕餅印模因需經常敲擊、使用，所以其材質必須堅硬耐用。因此，大部分的糕餅印模均取材自紋理堅實且不易腐蛀的烏心石木。而其他不需經由敲打，即可脫模的糕餅印模，如二片合和三片合的糕仔模，則可利用其他材質的木料來取代。

（二）其次是最外形

將取得的原料依欲製作的印模種類（圖5-4-21），將外形描繪至木材上，再用線鋸機鋸出外形（圖5-4-23）。依「取樣版」畫出所需的形狀輪廓，（重量固定的龜仔模有一定形制的取樣版），再用圓鋸和線鋸機裁切出龜仔模的主體形狀，此一步驟就是所謂的取型。

圖 5-4-19：
鄭永斌師傅工作室的木材原料

資料來源：本研究者拍攝 94/8/28。

圖 5-4-20：
鄭永斌師傅工作室的木材原料

資料來源：本研究者拍攝 94/8/28。

圖 5-4-21：鄭永斌師傅
工作室的木材原料進行鋸出外形

資料來源：本研究者拍攝 94/8/28。

圖 5-4-22：鄭永斌師傅
工作室的各式各樣鑽頭

資料來源：本研究者拍攝 94/8/28。

圖 5-4-23：鄭永斌師傅將外形描繪
至木材上，再用線鋸機鋸出外形

資料來源：本研究者拍攝 94/8/28。

圖 5-4-24：鄭永斌師傅
工作室的各式各樣公版模型

資料來源：本研究者拍攝 94/8/28。

（三）磨平

用手刨機把粗糙的木材磨平（圖 5-4-25），再放進自動刨削機，削掉兩邊多餘的木材（圖 5-4-26）。刨木經過刨木這一動作，使木板平整，厚度一致，以方便製作糕餅。

圖 5-4-25：鄭永斌師傅
用手刨機把粗糙的木材磨平

圖 5-4-26：鄭永斌師傅將木材放進
自動刨削機，削掉兩邊多餘的木材

資料來源：本研究者拍攝 94/8/28。　　　資料來源：本研究者拍攝 94/8/28。

（四）刨空

用刨花機挖出中空的木塊（圖 5-4-27、圖 5-4-28）及修邊與鑽氣孔（圖 5-4-29、圖 5-4-30）刨孔（又稱刨花）依印模所需的厚度，用鑽頭刨出雕刻圖案的深度與主體雛形。打通風孔此一步驟是餅模所需，尤其是月餅模，打通

圖 5-4-27：鄭永斌師傅
用刨花機挖出中空的木塊

圖 5-4-28：鄭永斌師傅
用刨花機挖出中空的木塊

資料來源：本研究者拍攝 94/8/28。　　　資料來源：本研究者拍攝 94/8/28。

風孔的主要目的是因製作糕餅時，有通風孔較容易脫模。因為印製龜粿時，無需敲擊，所以龜仔模通常不需此一步驟。

（五）導圓角

　　將印模附柄轉折處及印模四周磨整平滑，不但可使印模看來美觀且利於使用者執握（圖5-4-29、圖5-4-30）。

圖5-4-29：鄭永斌師傅將印模　　　圖5-4-30：鄭永斌師傅將印模
附柄轉折處及印模四周磨整平滑　　附柄轉折處及印模四周磨整平滑

 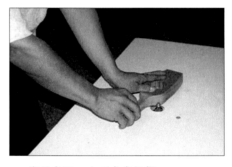

　資料來源：本研究者拍攝94/8/28。　　　資料來源：本研究者拍攝94/8/28。

（六）打通風孔

　　此一步驟是餅模所需，尤其是月餅模，打通風孔的主要目的是因製作糕餅時，有通風孔較容易脫模（圖5-4-31、圖5-4-32）。因為印製龜粿時，無需敲擊，所以龜仔模通常不需此一步驟。

圖5-4-31：　　　　　　　　　　圖5-4-32：
鄭永斌師傅將木材修邊與鑽氣孔　　鄭永斌師傅將木材修邊與鑽氣孔

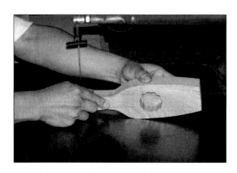 

　資料來源：本研究者拍攝94/8/28。　　　資料來源：本研究者拍攝94/8/28。

（七）描樣

　　一般的「公版」，即承銷商的型錄圖案，其紋飾、重量有一定的規格。「公版」的製作較為簡單，只需依「圖樣版」描繪出印模內部所需的圖形輪廓。若是訂購者自行設計或圖紋較為特殊者，可由訂購者的草圖，先繪製圖樣，再行雕刻（圖 5-4-33、圖 5-4-34）。

圖 5-4-33：
「公版」的製作較為簡單

圖 5-4-34：一般的「公版」，
即承銷商的型錄圖案

只需依「圖樣版」描繪出印模內部所需的圖形輪廓。資料來源：本研究者拍攝 94/8/28。

其紋飾、重量有一定的規格。
資料來源：本研究者拍攝 94/8/28。

（八）打樣、雕刻

　　將欲刻製的圖案描繪至模面上，接下來就是一刀一刀在印模上刻畫出具傳統藝術之美麗的圖案，這也是製作過程中最為艱難、最具價值、最能顯現真功夫之處（圖 5-4-35、圖 5-4-36）。

圖 5-4-35：鄭永斌師傅
將欲刻製的圖案描繪至模面上

圖 5-4-36：鄭永斌師傅
將欲刻製的圖案描繪至模面上

一刀一刀在印模上刻畫出具傳統藝術之美麗的圖案。資料來源：本研究者拍攝 94/8/28。

一刀一刀在印模上刻畫出具傳統藝術之美麗的圖案。資料來源：本研究者拍攝 94/8/28。

（九）雕粗坯

用各式太小的平口刀、斜口刀和圓口刀，以陰雕法雕出主體雛形（圖 5-4-37、圖 5-4-38）。

圖 5-4-37：用各式大小的
平口刀、斜口刀和圓口刀

圖 5-4-38：
以陰雕法雕出主體雛形

以陰雕法雕出主體雛形。
資料來源：本研究者拍攝 94/8/28。

資料來源：本研究者拍攝 94/8/28。

（十）修細坯

修整印模的細部線條，使線條流暢細緻，此時的主體圖案大致完成（圖 5-4-39、圖 5-4-40）。

圖 5-4-39：修整印模的
細部線條，使線條流暢細緻

圖 5-4-40：修整印模的細部
線條，此時的主體圖案大致完成

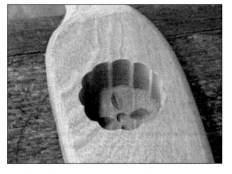

此時的主體圖案大致完成。
資料來源：本研究者拍攝 94/8/28。

資料來源：本研究者拍攝 94/8/28。

（十一）添加周邊紋飾

添加主紋四周邊飾，如纏枝紋，亦可於印模的反面或左、右兩側，雕上其他圖案，如桃形紋、連錢紋和魚形紋，使整件印模看起來更加豐富多采，不單調，且功能更具多元性（圖 5-4-41、圖 5-4-42）。

圖 5-4-41： 添加主紋四周邊飾	圖 5-4-42： 使整件印模看起來更加豐富多采

使整件印模看起來更加豐富多采，
不單調，且功能更具多元性。
資料來源：本研究者拍攝 94/8/28。

不單調，且功能更具多元性。
資料來源：本研究者拍攝 94/8/28。

（十二）最後是刨光

將完成的印模作品作細部的磨砂處理（圖 5-4-43），即作品大功告成（圖 5-4-44）

圖 5-4-43：將完成的印模作品 作細部的磨砂處理	圖 5-4-44： 作品完成

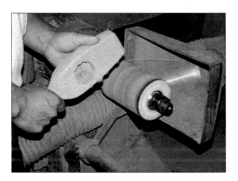

資料來源：本研究者拍攝 94/8/28。

資料來源：本研究者拍攝 94/8/28。

第五節　游有成師傅

　　游有成師傅的糕餅印模雕刻工藝社是位於臺中市松竹路中安街二二八號，創立時間民國七十四年（約游有成師傅二十六歲時），經濟來源印模雕刻與兼職賣豆花。

　　師承狀況爲民國六十五年國中時期就在哥哥的店裡學刻模子這項手藝。民國六十八年高職畢業正式開始學習木製糕餅印模雕刻並因此習得木雕之基本技法。民國七十年游有成自退伍後在哥哥的店裡正式投入食品模具雕刻並將木製糕餅印模寄賣於五金行。民國七十四年（約游有全師傅二十六歲時）自己正式開設游有全糕餅印模雕刻工藝社（圖 5-5-1）。

圖 5-5-1：游有成師傅習藝傳承表

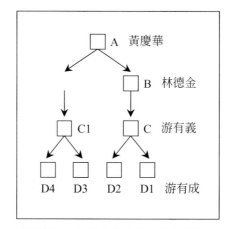

資料來源：本研究者採訪繪製 95/3/27。

　　學藝動機傳統糕餅、粿模雖有少數的陶瓷或金屬製品，但仍以手工的木製品爲主。而雕刻模具的師傅，最早是從唐山來到臺灣鹿港，再從鹿港師傅傳播到臺灣各地，傳承上大多是父傳子。現年四十八歲的游有成回憶說，當初他國中時期才十三、四歲，就在哥哥的店裡學刻模子這項手藝。民國六十八年高職畢業正式開始學習木製糕餅印模雕刻並因此習得木雕之基本技法。民國七十年游有成自退伍後在哥哥的店裡正式投入食品模具雕刻並將木製糕餅印模寄賣於五金行。經歷了多年「刻苦耐勞」的學徒生涯，每天從早忙到晚。所以學到工夫，也磨了耐性，而學雕刻最需要的就是耐性。從事糕餅、粿模的雕刻已長達三十年（圖 5-5-2、圖 5-5-3），經手刻製的模具至少有好幾

萬支。糕餅、粿模，除了糕餅店的訂製之外，產品大部份都交給永全食品機械器具股份有限公司寄賣、零售。

圖 5-5-2：游有成師傅雕刻示範　　　圖 5-5-3：游有成師傅的餅模作品

資料來源：本研究者拍攝 95/3/27。　　　資料來源：本研究者拍攝 95/3/27。

銷售管道為除了糕餅店的訂製之外，產品都交給永全食品機械器具股份有限公司寄賣。收入情形價格的訂定：游師傅與哥哥游有義師傅及鄭師傅他們有商量價格統一，目前印模行情餅重 1.2 兩或 1.5 兩的一支約 800 元，一支是一個圖案。糕模才可以刻很多個圖案。有觀賞、也有針對客人實用需求刻的、也有客人設計好商標圖形再給游師傅刻的，所以價格絕不能亂定，不然客人會反彈。

游師傅的印模圖案來源及參考樣式來源為：完整的龜型圖樣稱為「正龜」，包括頭尾、前足五爪、後足四爪、中間「福祿壽」等字樣，還有文字外圍「十三省」的紋飾、龜殼邊緣半圓型的「二十四山」、以及各種裝飾性花紋；而背面的桃型和兩側環狀的連錢紋，也都具有祝壽及財運連綿的象徵。不過這種「正龜」的圖樣，通常都是廟裡正式的祭祀，或較大尺寸的粿才會採用，坊間販售的紅龜粿或粿模，大多採用簡化的龜型。印模圖案來源及參考樣式大部份都是哥哥游師傅傳授不過做久了就記在腦中心中。

游師傅對技藝的傳承有何展望為：技術傳承是個大問題，現在的人沒人要學這門技術手藝了，找不到徒弟也是沒有辦法的事。二十一歲的女兒十九歲、十六歲的兒子游師傅都不希望他們走這一行〔註 13〕，因為要考慮市場及

─────────────

〔註13〕和游有成師傅談過可以發現他言語之中淡淡的哀愁，但游師傅還是很熱忱的示範糕餅印模的雕刻流程讓我拍照做田調記錄。

出路的問題。現在游師傅也與太太兼職賣豆花因為光靠粿糕餅印模雕刻的產品真的無法生存。從事印模雕刻遇到最大的難題就是真的無法生存〔註14〕。

以下是游有成師傅製作雕刻糕餅印模的過程：

一、構思過程（參考資料、文物）

二、手稿（圖 5-5-4～圖 5-5-9）

圖 5-5-4：游有成師傅親手繪製的餅仔印印模設計草稿

資料來源：本研究者掃描拍攝 95/3/27。

圖 5-5-5：游有成師傅親手繪製的餅仔印印模設計草稿

資料來源：本研究者掃描拍攝 95/3/27。

圖 5-5-6：游有成師傅親手繪製的餅仔印印模設計草稿

資料來源：本研究者掃描拍攝 95/3/27。

圖 5-5-7：游有成師傅親手繪製的糕仔印印模設計草稿

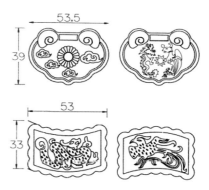

資料來源：本研究者掃描拍攝 95/3/27。

〔註14〕以上內容皆為本研究者親自訪問之田野調查資料。

圖5-5-8：游有成師傅親手
繪製的餅仔印印模設計草稿

圖5-5-9：游有成師傅親手
繪製的月餅印模設計草稿

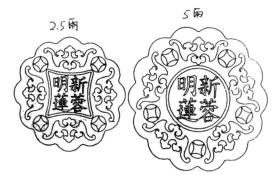

資料來源：
本研究者掃描拍攝 95/3/27。

資料來源：本研究者掃描拍攝 95/3/27。

三、製作步驟

（一）首先是備料

　　至於製作一把好的模具，首先得慎選木料的材質，像從前糕餅店訂製的模具，必須經得起長年累月的敲打，所採用的都是質地堅硬細密的臺灣烏心石或檜木，不但堅固耐用、不易腐蝕，而且能吸收油脂，使糕餅的製作易於「脫膜」。

圖5-5-10：
游有成師傅的工作室

圖5-5-11：
游有成師傅工作室的公型版模

資料來源：本研究者拍攝 95/3/27。

資料來源：本研究者拍攝 95/3/27。

（二）磨刀子

也得從磨刀子學起，不僅要把刀子磨利，刀口的斜度也必須適當。接著則是刻製的深度、斜度和施力，都要拿捏得恰到好處，否則會形成夾縫，致使麵粉或糯米黏著而不易脫膜。

（三）其次是最外形

以粿模的製作為例，由於紅龜粿是以斤兩計算的，粿模的尺寸也以四兩、六兩、半斤、一斤等作為區分。當決定好大小之後，先畫出外型的輪廓，將取得的原料依欲製作的印模種類，將外形描繪至木材上，以線鋸機、鉋花機進行木料的裁切出外形（圖5-5-12、圖5-5-13、圖5-5-14）。

圖5-5-12：　　　　圖5-5-13：游有成　　圖5-5-14：游有成
游有成師傅　　　　師傅以線鋸機進行　　師傅以鉋花機進行
將外形描繪至木材上　木料的裁切出外形　　木料的裁切出外形

資料來源：本研究者拍攝95/3/27。

（四）是磨平

用手刨機把粗糙的木頭磨平，和表層打磨，再放進自動刨削機，削掉兩邊多餘的木材（圖5-5-15、圖5-5-16、圖5-5-17）。

（五）刨空

用刨花機挖出中空的木塊及修邊與鑽氣孔（圖5-5-18、圖5-5-19）。

圖 5-5-15：
游有成師傅用手刨機
把粗糙的木頭磨平

圖 5-5-16：
游有成師傅用手刨機
把粗糙的木頭表層打磨

圖 5-5-17：將木頭
放進自動刨削機，
削掉兩邊多餘的木材

資料來源：本研究者拍攝 95/3/27。

圖 5-5-18：游有成師傅
用刨花機挖出中空的木塊

圖 5-5-19：
游有成師傅用刨花機修邊與鑽氣孔

資料來源：本研究者拍攝 95/3/27。

（六）打樣、雕刻

　　然後畫出龜紋的雛形，經過挖鑿、雕刻、敲型刀等動作，依序刻出龜型、紋飾及中間的壽字，接下來就是一刀一刀在印模上刻畫出具傳統藝術之美麗的圖案，這也是製作過程中最為艱難、最具價值、最能顯現真功夫之處（圖5-5-20、圖 5-5-21）。

圖 5-5-20：在印模上刻畫出
具傳統藝術之美麗的圖案

圖 5-5-21：在印模上刻畫出
具傳統藝術之美麗的圖案

資料來源：本研究者拍攝 95/3/27。

資料來源：本研究者拍攝 95/3/27。

（七）最後是刨光

　　將完成的印模作品作細部的磨砂處理，最後再加工細修和修邊（圖5-5-22），差不多二、三十分鐘，即完成一支我們常見的粿模，即大功告成（圖5-5-23）。

圖 5-5-22：游有成師傅完成的
印模作品作細部的磨砂處理

圖 5-5-23：
游有成師傅完成的印模作品

最後再加工細修和修邊。
資料來源：本研究者拍攝 95/3/27。

資料來源：本研究者拍攝 95/3/27。

第六節　小　結

　　在民藝含有兩個性質，一是實用品，二是普通用品。反過來說，奢侈、高價、少量的產品並非民藝品，製作者亦非有名的個人，而是沒沒無名的匠

師們。它並非爲了欣賞，而是爲了使用而製作的日常器物，換言之，它是民眾生活中所不可欠缺的用品、一般使用的用品、可大量製造的器物、價格便宜且容易買到的用品。工藝品中符合民眾生活的用品，即是廣義的民藝品，因爲此等性質對生活毫無貢獻。因此，要被稱爲民藝品就必得是經過誠實思考用途的健全器物，它要求的是對品質的仔細推敲、合理的方法以及熱誠的工作，惟有這樣才能生產出對生活有幫助的誠實用器。反觀近來的器物卻是外觀重於品質，不再誠意製作且極盡可能偷工減料，變成脆弱而醜陋的器物〔註15〕（柳宗悅，1985）。

　　探究這些特點的原因，是釐清部分我們對傳統民間工藝的刻板印象，筆者認爲對大多數的匠師而言，他們最大的希望莫過於自己的作品能被廣大群眾所了解。但通常一般人看到傳統民間工藝的作品時，可能都會被傳統民間工藝極其紮實且絲毫馬虎不得的技巧與重視傳統形式要求所蒙蔽，而因此排斥或不加重視，但事實上傳統民間工藝它本身並不受到「價值」或「藝術」與否的眷顧，反而使這類的作品，有了相當大的迴旋空間。

　　在本研究訪問這些師傅的過程中，深刻的了解到民間雕刻工藝之發展，是一直呈現豐富且多樣的外貌，而在藝術的範疇當中，民間工藝一向扮演著和民眾生活息息相關的角色。而民間工藝之不同於純藝術，其最重要的差別在於「實用性」，實用的基礎，一向是依存在實際的生活上。在這些雕刻糕餅印模的師傅身上得知，在師傅的工藝創作及作品不僅是供餬口的工作，也是表現他個人的個性、意志的工具，並且在時間的洪流中，以作品無聲的表現出時代的精神。無論是技巧的發展或構圖內容，這些融於生活體態中的文化體質，是值得今天特別去注意與關懷。

　　以田野調查的角度觀察，了解到傳統臺灣民間社會所使用的木刻糕餅粿印模都是經過手工雕製的關係，其內容造型、圖案源由、圖案結構、裝飾紋飾、雕刻技法、製作方式、木頭材質、構圖觀念、雕刻師傅的師承流派、師承方式……的差異，幾乎每一粿糕餅模皆獨具特色，皆不一致，都有它們獨特的工藝之美作爲主題，木製糕餅粿印模皆刻繪出線條流暢，或簡潔遒勁、或樸拙醇厚、或親切趣味的圖案無論布局、動態、神韻方面，都很值得詳細賞析。

〔註15〕日本柳宗悅著《工藝文化》，岩波書店，1985 年。

第陸章 臺灣木刻糕餅印模造型與圖案各匠師之作品比較分析暨展望

第一節 造 型

　　臺灣木製粿糕餅印模與糖塔印模的造型加以詳細細分觀察，就會發現造型相當繁多，我國民間在逢年過節與婚喪喜慶的場合，都會準備各式各樣的糕餅粿食，用來祭祀或饗用。不同的糕餅印模有不同的使用時機與場合，必須配合糕餅粿食的需要來加以使用，富有特定的民俗意涵。由於糕餅印模造型種類繁多，區分困難，大家通常對其一知半解，沒有一個清楚的脈絡可以依循，因而導致許多書籍產生訛誤之處。本研究將糕餅印模從其名稱、用途、造型、圖案種類等方向來加以論述。並以臺灣木刻糕餅印模造型與圖案各匠師之訪談來進行分析與歸納。

一、造型分類

　　造型，在狹義上指造型藝術；廣義上指以藝術表現爲目的，並具有一定美術要素，凡通過人類的意識製造出來的眼睛能看，手能觸摸到的形象。廣義的造型藝術，可區分爲以藝術表現爲目的造型和沒有藝術表現意圖的造型兩種，還可以根據有無實用目的再加以區分。以實用爲必要條件的造型，還可以再根據有無美的要素加以區別〔註1〕（左漢中，1992）。

〔註1〕 THE FOLK ART MOULD-MAKING OF THE CHINA，左漢中，中國湖南：湖南美術出版社。

　　臺灣的粿糕印模，以一種木材雕刻成的凹形圖案作模印，替糕餅印上花紋。這種印模的種類不少，依不同用途而有多樣的造型，其中以「紅龜粿」的版印最為普遍。常見的有長方形木製印模，正反兩面均刻有凹形圖案，粿印是印粿的器具，臺灣民間粿類，除了「年粿」、「包粿」、「發粿」、「碗粿」及部份「芋粿」等不加印花紋圖案以外，可以說絕大多數的粿，都要用到粿印加工印製圖紋，這些粿印的造型圖案當然是根據民間年節禮俗的需要，依照粿的用途、大小，而予以分類。另外粿糕印模的造型，也有不少的變化，據調查文物所見與各位師傅的訪談，略可分為下述數類：

（一）木製粿模的造型

　　常見的粿印，其刻文較之糕模、餅模「淺」，因糕模多講究在糕餅面的細緻紋路呈現。粿印的另一特色即都以「方形面」為主，糕、餅模則形狀不一，且粿印大、小差異甚多，小至 10 公分、大至 60 公分都有。「粿」字從米旁。顧名思義就是泛指用米做的食品形狀似「龜」。廟宇內信徒用來祈求或還願的，稱做「乞龜」或「鳳片龜」。清明節掃墓時用的，另一種加有鼠麴草，俗稱「草仔粿」或「鼠麴粿」，不加鼠麴草的，叫「紅龜粿」。還有一種外表紅色，形似「龜」，是用麵粉做的，叫「麵龜」。中國人慶祝壽誕，要用紅龜粿、麵龜、壽桃、紅桃等糕餅來拜神，以添福壽。小孩滿月則需準備紅圓（又稱外媽圓）、紅龜粿、紅桃來分贈親友，週歲（度晬）時，餽贈親友也少不了紅龜粿。其規模從四兩～幾百斤不等。板面較大者，可在同一板面上，同時雕上多種圖樣，其組合不外是龜與桃，龜與連錢紋，大龜和小龜，桃與連錢紋，桃與壽菊、大桃與小桃，甚至是桃、魚、石榴、寶相花。

　　傳統造型的木製粿模，大都配有手柄，以方便執握。木刻粿模的樣式大致可區分為：單面雕有柄粿模、雙面雕有柄粿模、四面雕有柄粿模、加活動框蓋粿等多種。

1.單面雕有柄粿模

　　單面雕有柄粿模，板面較小者，大多單獨雕上龜紋或桃紋，亦可見單獨雕龜於板的中央，四周雕以蝙蝠，寓意蝙蝠拱壽，或在龜紋的周圍環以道家寶者。共組的情形。雕多種圖樣者，使粿模更具多元性選擇（圖 6-1-1～圖6-1-6）。

圖 6-1-1：龜紋單面雕有柄粿模

資料來源：朱盛文物紀念館展示圖錄。

圖 6-1-2：龜紋單面雕有柄粿模

資料來源：收藏家李暝陽先生。

圖 6-1-3：龜紋單面雕有柄粿模

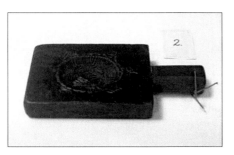

資料來源：收藏家李啓宏先生。

圖 6-1-4：龜紋單面雕有柄粿模

資料來源：收藏家李啓宏先生。

圖 6-1-5：龜紋單面雕有柄粿模

資料來源：鄭永斌師傅收藏。

圖 6-1-6：龜紋單面雕有柄粿模

資料來源：鄭永斌師傅收藏。

2.雙面雕有柄粿模

　　雙面雕有柄粿模，在粿模的正反兩面都雕有圖案，最常見的情形是在正面雕上龜形紋，在反面則雕上桃形紋。

另一類型則是正面雕雙聯龜,反面雕單聯龜;還有一種是正面雕大龜,反面雕小龜,此種粿模,使用者可依需要的大小不同來使用(圖 6-1-7～圖6-1-12)。

圖 6-1-7:雙面雕有柄粿模

資料來源:朱盛文物紀念館展示圖錄。

圖 6-1-8:雙面雕有柄粿模

資料來源:朱盛文物紀念館展示圖錄。

圖 6-1-9:雙面雕有柄粿模

資料來源:鄭永斌師傅收藏。

圖 6-1-10:雙面雕有柄粿模

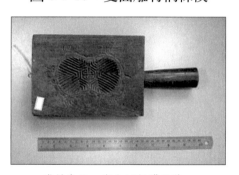

資料來源:鄭永斌師傅收藏。

圖 6-1-11:雙面雕有柄粿模

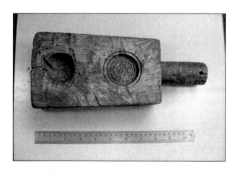

資料來源:鄭永斌師傅收藏。

圖 6-1-12:雙面雕有柄粿模

資料來源:鄭永斌師傅收藏。

3.四面雕有柄粿模

四面雕有柄粿模，除了在粿模的正、反面兩面雕上圖案之外，另在粿模的左、右兩側邊也雕上圖紋。通常正面雕龜形紋，反面雕桃形紋，左右兩側則雕上魚形紋和連錢紋，其用途廣且最為實用（圖 6-1-13～圖 6-1-24）。

圖 6-1-13：四面雕有柄粿模

資料來源：收藏家李啓宏先生。

圖 6-1-14：四面雕有柄粿模

資料來源：收藏家李啓宏先生。

圖 6-1-15：四面雕有柄粿模

資料來源：收藏家李啓宏先生。

圖 6-1-16：四面雕有柄粿模

資料來源：收藏家李啓宏先生。

圖 6-1-17：四面雕有柄粿模

資料來源：鄭永斌師傅收藏。

圖 6-1-18：四面雕有柄粿模

資料來源：鄭永斌師傅收藏。

圖 6-1-19：四面雕有柄粿模

資料來源：鄭永斌師傅收藏。

圖 6-1-20：四面雕有柄粿模

資料來源：鄭永斌師傅收藏。

圖 6-1-21：四面雕有柄粿模

資料來源：鄭永斌師傅收藏。

圖 6-1-22：四面雕有柄粿模

資料來源：鄭永斌師傅收藏。

圖 6-1-23：四面雕有柄粿模

資料來源：鄭永斌師傅收藏。

圖 6-1-24：四面雕有柄粿模

資料來源：鄭永斌師傅收藏。

4.加活動框蓋粿模

　　加活動框蓋粿模指在原先粿模的一面或兩面加上活動框蓋。其活動框蓋形狀則視雕刻主體形狀不同而異，如雕龜形紋者，其活動框蓋必為橢圓型，

少部分做成圓型。而雕桃形紋者，其框蓋則同樣為桃型（圖 6-1-25～圖 6-1-30）。

圖 6-1-25：加活動框蓋粿模

資料來源：朱盛文物紀念館展示圖錄。

圖 6-1-26：加活動框蓋粿模

資料來源：朱盛文物紀念館展示圖錄。

圖 6-1-27：加活動框蓋粿模

資料來源：鄭永斌師傅收藏。

圖 6-1-28：加活動框蓋粿模

資料來源：朱盛文物紀念館展示圖錄。

圖 6-1-29：加活動框蓋粿模

資料來源：鄭永斌師傅收藏。

圖 6-1-30：加活動框蓋粿模

資料來源：鄭永斌師傅收藏。

（二）木製糕模的造型

木製糕模的式樣豐富，品類多元（圖6-1-31、圖6-1-32），大致可以區分成：長條型單面雕糕模、二片合單面雕糕模、三片合單面雕糕模等三類，其中以長條型單面雕糕模最為常見。

圖6-1-31：木製糕模的成品

資料來源：三協成糕餅印模展示博物館。

圖6-1-32：木製糕模的式樣

資料來源：三協成糕餅印模展示博物館。

1. 長條型單面雕糕模

長條型單面雕糕模，為方便人執握操作，其尺寸面積受到限制，寬度多在八公分上下，長度多不超過四十五公分。此類糕模的特色是在一長條型木板上，雕有多個糕印，糕模的樣式可分為同款式和多款式兩種（圖6-1-33～圖6-1-40）。

圖6-1-33：長條型單面雕糕模

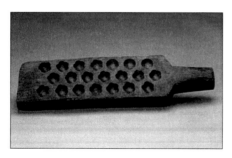

資料來源：朱盛文物紀念館展示圖錄。

圖6-1-34：長條型單面雕糕模

資料來源：朱盛文物紀念館展示圖錄。

圖6-1-35：長條型單面雕糕模

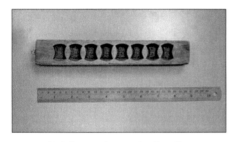

資料來源：鄭永斌師傅收藏。

圖6-1-36：長條型單面雕糕模

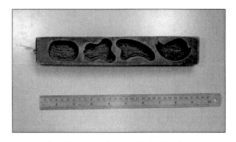

資料來源：鄭永斌師傅收藏。

圖6-1-37：長條型單面雕糕模

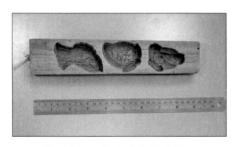

資料來源：鄭永斌師傅收藏。

圖6-1-38：長條型單面雕糕模

資料來源：鄭永斌師傅收藏。

圖6-1-39：長條型單面雕糕模

資料來源：三協成糕餅印模展示博物館。

圖6-1-40：長條型單面雕糕模

資料來源：三協成糕餅印模展示博物館。

2. 二片合單面雕糕模

　　二片合單面雕糕模是指由上、下二片木板所組成的糕仔模，製成時，只需拆開上、下模，糕餅即可成型，無需敲擊，較為省力（圖 6-1-41～圖 6-1-48）。其製糕步驟為：（1）拆模。（2）翻面。（3）糕餅成形。

圖 6-1-41：二片合單面雕糕模　　圖 6-1-42：二片合單面雕糕模

資料來源：朱盛文物紀念館展示圖錄。　　資料來源：鄭永斌師傅收藏。

圖 6-1-43：二片合單面雕糕模　　圖 6-1-44：二片合單面雕糕模

資料來源：鄭永斌師傅收藏。　　資料來源：朱盛文物紀念館展示圖錄。

圖 6-1-45：二片合單面雕糕模　　圖 6-1-46：二片合單面雕糕模

 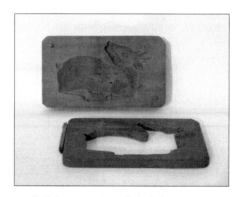

資料來源：文物收藏家陳春輝先生。　　資料來源：文物收藏家陳春輝先生。

圖 6-1-47：二片合單面雕糕模　　　　圖 6-1-48：二片合單面雕糕模

　　資料來源：鄭永斌師傅收藏。　　　　　資料來源：鄭永斌師傅收藏。

3.三片合單面雕糕模

　　三片合單面雕糕模可分成二種樣式，一為由左、右、下三片所組成的糕仔模，其製糕步驟為：（1）翻面。（2）拆模。（3）糕餅成形，此類型糕模的優點是一次可印製多個糕餅，且無需敲擊，較為省力。另一種型態的三片合糕模則是由左右兩片糕模，上加一片頂蓋所組成，頂蓋上雕有紋飾，此一類型糕模多做成扇型和方勝型。此種三片合糕模製糕步驟十分簡單，只需拆模，糕餅即可成形，但一次只能印製一個糕餅（圖 6-1-49～圖 6-1-58）。

圖 6-1-49：三片合單面雕糕模　　　　圖 6-1-50：三片合單面雕糕模

　　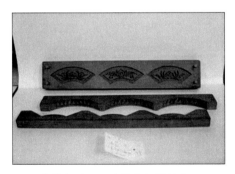

　　資料來源：三峽羅美軒糕餅店。　　　　資料來源：三峽羅美軒糕餅店。

圖 6-1-51：三片合單面雕糕模

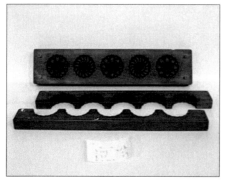

資料來源：三峽羅美軒糕餅店。

圖 6-1-52：三片合單面雕糕模

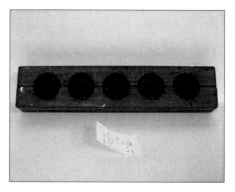

資料來源：三峽羅美軒糕餅店。

圖 6-1-53：三片合單面雕糕模

資料來源：三峽羅美軒糕餅店。

圖 6-1-54：三片合單面雕糕模

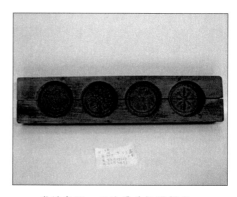

資料來源：三峽羅美軒糕餅店。

圖 6-1-55：三片合單面雕糕模

資料來源：三峽羅美軒糕餅店。

圖 6-1-56：三片合單面雕糕模

資料來源：三峽羅美軒糕餅店。

圖 6-1-57：三片合單面雕糕模　　　　圖 6-1-58：三片合單面雕糕模

資料來源：文物收藏家陳春輝先生。　　　資料來源：文物收藏家陳春輝先生。

（三）木製餅模的造型

　　木製餅模的造型可分爲圓型單面雕餅模、長方型單面雕餅模、酒杯型單面雕餅模等。其中最爲人所熟悉的就屬訂婚餅模與月餅模。

1. 圓型單面雕餅模

　　圓型單面雕餅模又可區分成：無框圓型餅模和加框圓型餅模兩種。前者有一定的厚度、面積，製作出來的糕餅斤數固定；後者則需另外再加一圓型鐵框來使用，商家可依顧客需要的斤數，來調動框圈的大小，調動的方式，以每一圓圈邊飾爲基準，使用起來較具彈性（圖 6-1-59～圖 6-1-69）。

圖 6-1-59：　　　　　圖 6-1-60：　　　　　圖 6-1-61：
圓型單面雕餅模　　　圓型單面雕餅模　　　圓型單面雕餅模

資料來源：三協成糕餅印模展示　　資料來源：三協成糕餅印　　資料來源：三協成糕餅印
　　　　　博物館。　　　　　　　　　　模展示博物館。　　　　　模展示博物館。

圖 6-1-62：圓型單面雕餅模　　　　　圖 6-1-63：圓型單面雕餅模

資料來源：文物收藏家陳春輝先生。　　　　資料來源：臺中老雪花齋糕餅店。

圖 6-1-64：　　　　　　圖 6-1-65：　　　　　　圖 6-1-66：
圓型單面雕餅模　　　　圓型單面雕餅模　　　　圓型單面雕餅模

　　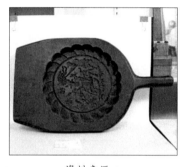　　

資料來源：　　　　　　資料來源：　　　　　　資料來源：
臺中老雪花齋糕餅店。　三峽羅美軒糕餅店。　朱盛文物紀念館展示圖錄。

圖 6-1-67：　　　　　　圖 6-1-68：　　　　　　圖 6-1-69：
圓型單面雕餅模　　　　圓型單面雕餅模　　　　圓型單面雕餅模

資料來源：　　　　　　資料來源：　　　　　　資料來源：
鄭永斌師傅收藏。　　文物收藏家陳春輝先生。　朱盛文物紀念館展示圖錄。

2.長方型單面雕餅模

長方型單面雕餅模是因應現代趨勢，而產生的盒餅印模。早期的喜餅，多用大餅，一份兩個，以四、五斤居多。現在所看到的漢式喜餅，以六個裝的盒餅爲主，餅型以長方型爲主，此與北部的小圓型盒餅有明顯的地域性差異（圖6-1-70～圖6-1-76）。

圖6-1-70：長方型單面雕餅模

資料來源：鄭永斌師傅收藏。

圖6-1-71：長方型單面雕餅模

資料來源：鄭永斌師傅收藏。

圖6-1-72：長方型單面雕餅模

資料來源：鄭永斌師傅收藏。

圖6-1-73：長方型單面雕餅模

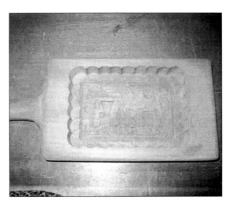

資料來源：鄭永斌師傅收藏。

圖 6-1-74：
長方型單面雕餅模

資料來源：
鄭永斌師傅收藏。

圖 6-1-75：
長方型單面雕餅模

資料來源：
朱盛文物紀念館展示圖錄。

圖 6-1-76：
長方型單面雕餅模

資料來源：
朱盛文物紀念館展示圖錄。

3. 酒杯型單面雕餅模

酒杯型的餅模多用於月餅模，因為月餅的面積較小，將月餅模製作成酒杯型有柄，方便執握操作（圖 6-1-77～圖 6-1-86）。

圖 6-1-77：
酒杯型單面雕餅模

資料來源：三協成糕餅印模
展示博物館。

圖 6-1-78：
酒杯型單面雕餅模

資料來源：三協成糕餅印模
展示博物館。

圖 6-1-79：
酒杯型單面雕餅模

資料來源：三協成糕餅印模
展示博物館。

圖 6-1-80：酒杯型單面雕餅模

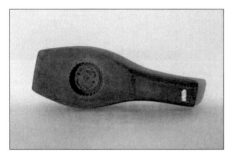

資料來源：文物收藏家陳春輝先生。

圖 6-1-81：酒杯型單面雕餅模

資料來源：三峽羅美軒糕餅店。

圖 6-1-82：酒杯型單面雕餅模

資料來源：三峽羅美軒糕餅店。

圖 6-1-83：酒杯型單面雕餅模

資料來源：三峽羅美軒糕餅店。

圖 6-1-84：
酒杯型單面雕餅模

資料來源：
臺中老雪花齋糕餅店。

圖 6-1-85：
酒杯型單面雕餅模

資料來源：
臺中老雪花齋糕餅店。

圖 6-1-86：
酒杯型單面雕餅模

資料來源：
游有義師傅收藏。

（四）木製糖塔印模的造型

就目前所知道的糖塔印模多爲木製品，尚未見到其他材質的糖塔印模。糖塔印模的造型多爲二片以上的木模所組成，其大製可區分爲：六片雕梯型糖塔印模、三片雕梯型糖塔印模與二片雕梯型糖塔印模，無論是六片、三片或二片的糖塔印模，其共通特色是均爲梯型（圖 6-1-87～圖 6-1-90）。

1.六片雕梯型糖塔印模

由六片等邊的梯型木板所組成的糖塔印模。每塊木模上均雕著相同且對稱的圖案，共同組成一個立體造形，如六面雕的立體糖塔。

圖 6-1-87：六片雕梯型糖塔印模　　圖 6-1-88：六片雕梯型糖塔印模

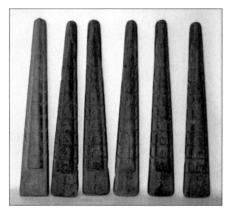
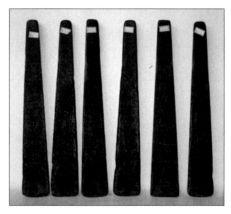

資料來源：鄭永斌師傅收藏。　　　　資料來源：鄭永斌師傅收藏。

圖 6-1-89：六片雕梯型糖塔印模　　圖 6-1-90：六片雕梯型糖塔印模

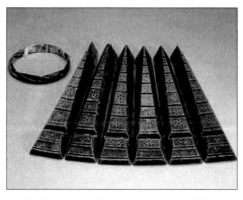

資料來源：朱盛文物紀念館展示圖錄。　　資料來源：朱盛文物紀念館展示圖錄。

2.三片雕梯型糖塔印模

由左、中、右三片等邊的梯型木板所組成的糖塔印模通常在左、右板各雕上一種圖案，中間板較厚，可雙面雕上左、右邊的圖案，如此便可印製一對的立體糖塔（圖 6-1-91～圖 6-1-97）。

圖 6-1-91：

三片雕梯型糖塔印模

圖 6-1-92：

三片雕梯型糖塔印模

資料來源：鄭永斌師傅收藏。

資料來源：鄭永斌師傅收藏。

圖 6-1-93：

三片雕梯型糖塔印模

圖 6-1-94：

三片雕梯型糖塔印模

資料來源：鄭永斌師傅收藏。

資料來源：鄭永斌師傅收藏。

圖 6-1-95：
三片雕梯型糖塔印模

圖 6-1-96：
三片雕梯型糖塔印模

圖 6-1-97：
三片雕梯型糖塔印模

資料來源：
三協成糕餅印模博物館。

資料來源：
三協成糕餅印模博物館。

資料來源：
三協成糕餅印模博物館。

3. 二片雕梯型糖塔印模

由二片等邊的梯型木板所組成的糖塔印模。若為人物則分別雕上臉部和頭部，組成一立體頭像，若為動物，則將兩片雕成方向相反的印模（圖 6-1-98～圖 6-1-99）。

圖 6-1-98：二片雕梯型糖塔印模

圖 6-1-99：二片雕梯型糖塔印模

資料來源：鄭永斌師傅收藏。

資料來源：朱盛文物紀念館展示圖錄。

綜上所述，得知所有的糖塔印模都是由兩片以上的木板所組成，究其原因，主要是因為糖塔必須趁糖漿煮熱時灌製，才能塑造出所要的形狀，而此時糖漿的溫度極高，金屬印模容易傳熱，不易製作，所以目前所看到的糖塔

印模全為木製品。

　　為了在木板內雕製圖形，所以必須分成二片以上來雕製，方能組成一立體糖塔且方便拆模。同時為了方便灌模，讓糖塔製成品可以站立，一般均將糖塔印模的木板外型，做成梯型，且祭祀用的糖塔印模均雕有底座，成為糖塔印模統一的特色（圖 6-1-100～圖 6-1-101）。

圖 6-1-100：多片雕梯型糖塔印模　　圖 6-1-101：多片雕梯型糖塔印模

資料來源：鄭永斌師傅收藏。　　　　　資料來源：鄭永斌師傅收藏。

二、造型材料

　　造型藝術，是指用一定的物質材料，以及形、光、色、點、線、面、體等造型手段占用空間，創造可視的平面、浮雕或立體形象，顯示客觀存在的具體事實，誘使與視覺發生密切關係的一種藝術。民間美術涉及到甚至超出了造型藝術所指的每一個方面，同時，它又被限制在一定的約定範疇，它有著自己特殊和獨立的造型體系〔註2〕（左漢中，1992）。

　　紅龜粿是臺灣早期農業社會逢年過節必備的應景物，不論在北、中、南均是如此，不過，由於各地區與各家族間的生活方式、風俗習慣、技術理念各有所不同，導致其所選用的印模材質、花紋、圖案等各地有所不同。

　　臺灣的木雕工藝，傳自閩南。清時，雕刻所需的木料，大多來自福州，稱為「福杉」。日據以後，臺灣本地也盛產堅細木材，如烏心石、檜木、樟木、油松、茄苳、梓木、櫸木、紫檀、扁柏、肖楠等，都是木作和雕刻的上等材料。木料是粿模中最多見的材質，這與材料的容易取得有關，除此，雕

〔註 2〕 THE FOLK ART MOULD-MAKING OF THE CHINA，左漢中，中國湖南：湖南美術出版社。

刻容易、材料豐富與耐用亦都是木作粿印之所以常見的原因，其中又以「烏心石木」的木質最適宜做爲模具，因它的質地細膩卻又堅硬，需經由一年的時間，使其自然風乾而後再雕製，所以不易變形。傳統的粿糕餅印模，多用木製，爲了符合必須結實耐用的要求，乃採用材質細密，堅硬如石的烏心石。今日雖有塑膠製的粿模問世；但是，傳統木模仍受喜愛。

如果從其「材料」分類，可分爲：

（一）木質印模

因其具有輕便、耐摔、有材紋、可朱漆、利於輸送、易於保管等多種特性，廣爲大部份地方的家族所採用。通常，木質印模依使用材質可區分爲烏心石、樟木、臺灣欅、肖楠木、紅檜、龍眼木、梧桐木等樹種，主要是因爲這些樹種的質地堅實耐用，不易腐蛀，其中又以烏心石最爲人所青睞。

上述的印模用材需經一年以上的時間自然風乾，才能雕製。如此一來，雕製好的糕餅印模便不易翹裂、變形，可以堅硬耐用用好的木材所雕成的糕餅印模不但木紋細膩，堅硬耐用、不易腐蛀，而且耐敲打。這類的木製糕餅印模即使流傳三代，其刻紋依舊清晰如新，且在經年累月的使用下，油脂會滲入木質中，使整件印模看來十分黑亮。

1.「烏心石」木粿印

早期臺灣所產的烏心石，因天候的關係，成長緩慢，其材質較爲堅固厚重，現今臺灣的烏心石已禁採，所以糕餅印模所需的木材，大多仰賴國外進口。目前主要的出產地爲大陸及東南亞地區，如高棉、越南等地，由於東南亞炎熱潮濕的氣候，使得烏心石成長快速，相對的樹質較爲鬆軟，不若臺灣自產的烏心石樹質緊密。因此，其材質堅實度就比不上早期臺灣自產的烏心石了，但其優點是木材本身的重量減輕許多，製作起糕餅來，較不吃力。

一般而言，成長緩慢的樹種，其纖維組織密度高，質地較硬，光澤細膩，適於精細類作品的雕刻，保存時間較久，而成長速度快的樹種，纖維組織密度較低，所以質地較鬆軟，適於粗大的作品。此粿印以材質細密、堅硬如石之烏心石木製成，得經一年以上時間自然風乾後雕製，永不變形，結實耐用。烏心石木糕印，是糕、餅模印中最適用的質材，因質地細膩、結實而雕刻容易。

2.「雞油」木粿印

臺灣欅又稱「雞油木」，其材質堅硬強韌，耐磨擦衝擊，富彈性，耐腐性極大，吸水性小，乾燥後之狀況極佳。以紅雞油木製就，陰乾法同烏心石木，因紋理密緻，亦具有堅實耐用易印優點。

3.「肖楠」木粿印

俗稱「黃肉仔」紋理緻密，較紅檜尤佳。其木質堅硬，紋理細密，顏色微黃有香味。

4.「紅樟」木粿印

紅樟紋理色彩美觀，有如紅雞油木。

5.「紅檜」木粿印

紅檜木理細密有香味，富彈性和耐久性，材質不易破裂，為良好的雕刻材料。其所製成的糕餅印模，質輕紋美，臺灣民間木粿印，以此類最多。

6.「龍眼」木粿印

龍眼木木質硬色略紅，有紅樟木之優點。乾度夠，糕餅印模的材質才會穩定，不易縮水、變形。通常木材的含水量以 6%～8%者最為適用。

7.「梧桐」木粿印

又稱「白桐」，質材最輕，遇水不變型、色澤偏白，吸水性強，遇水不易變形，方便執握操作，但較易斷裂（柄連接處）。

（二）朱漆印模

為木質印模雕刻圖紋之後隨即塗佈朱漆製作而成。此類印模的年代大都較為久遠，且習於採用單一朱漆上色。此等朱漆印模尚可依其選色分為豔紅漆印模、柿紅漆印模、硃紅漆印模等。

（三）瓷質印模

使用細膩潔白的胎土添加部份玻璃釉燒製而成的印模，特色為質地細膩、素雅、耐高溫。由於質細且亮，不須上油也不易粘模。瓷質粿印，表面光滑故脫膜容易，且刻文不會因使用頻繁而模糊，但容易摔壞，故而流傳至今的並不多。

（四）陶質印模

使用陶土製型，加釉高溫燒製而成，成品表面泛亮油光，印製時不須另

外上油即可容易脫模且不沾米粿。「陶粿印」——以「陶土」所作的「粿印」，此種「粿印」，也偶爲民間所使，此種「粿印」，因表面是光滑的釉面，故在「印粿」時，可節省抹在「粿印」上的「花生油」（只要一點即可）。而陶質印模只要小心不摔壞，當有不蛀不腐，不變花紋等優點，所以有人家也用它，但與「木製粿印」相比，畢竟數量比例較少，相對地，它也有「易於摔壞」的缺點，故「用者不多」，迄今遺物稀少。其圖案與木製類似，唯不若木製之多具變化。

（五）金屬製印模

於滿清時期即日據時代較常用，屬於較晚期發展的印模，其表面打磨得亮麗光鮮，故稱之爲「漂亮」。直到日據末期昭和十餘年間以後所製造的，則爲錫鋁合金製品，俗稱「生仔」的合金印模。金屬模印，大約是二次世界大戰後的產物，因當時砲彈時見，因此金屬取得容易，而有此種獨特材質的出現。

（六）電動壓模器與多連式模具烤盤

但此種電動壓模器，主要是現代化糕餅店爲大量製作月餅以應供需而採用，究其原因，是因爲採用「電動壓模器」和「多連式模具烤盤」擁有下列好處：利用「電動壓模器」和「多連式模具烤盤」烤製糕餅，省時又能增加產量，適合大量生產的現代化企業，可使成本降低，並減少產品的不良率。「電動壓模器」和「多連式模具烤盤」的材質不易變形，烤出來的糕餅，型體一致，包裝方便，可提高工作效率〔註3〕。

但無論糕餅印模的材質如何變化，最廣爲人所使用，且最具雕刻藝術價值的，還是木製糕餅印模。臺灣早期的木製糕餅印模源自大陸，唐山的民間工藝品喜用紅黑對照並用的方式，常見的如傢俱。粿模的面積小，一般都只上紅漆，上了紅漆的線模，掩蓋了原先木材的紋理，但朱紅的色彩帶有喜氣且較爲光滑，早期民間喜用這種朱漆的木製印模，做爲女兒的嫁妝之一。隨著時代的變遷，現代人多不再自行做粿，所以今日的印模已少見朱漆者，大多只漆上一層透明漆或將表面磨光而已。

傳統木刻糕餅印模件件均需手工雕製，所以線條流暢，圖紋生動活潑，且爲了達到實用的功能，木刻糕餅印模多作兩面以上的雕刻，或單面雕有多

〔註3〕本研究訪問游有義師傅之口述資料。

種圖案的雕刻方式。此一特色，爲其他材質的印模所罕見。

　　木刻糕餅印模的雕刻方式與其他木雕工藝不同的地方在於它是陰雕成形的，目前的木刻糕餅印模雖有機器做輔助，但雕紋較爲細膩的部分仍需靠手工去精雕，所以木刻印模在圖紋變化上，會較其他材質的印模更具變化，且更爲豐富。雖然市面上也有塑膠印模或翻模成型的鋁製印模，但都不如傳統木刻印模的雕刻線條來得有稜有角，且圖案多變，因爲塑膠或鋁製印模的母模形狀固定，所以翻製出的印模雕紋一致，且因大量複製的關係，其印紋也較不清晰。

　　現代化糕餅生產多利用設計精美、不鏽鋼材質的「多連式模具烤盤」和運用氣壓原理的「電動壓模器」來製作糕餅。「電動壓模器」和「多連式模具烤盤」具有省時省力、效率高且材質耐用等優點，因而廣受現代化的糕餅業者所喜愛。

第二節　圖　案

　　從遠古「吉祥瑞兆」經由歷代增附演化，進入裝飾後在雕刻工藝上，自然就成爲一般民間所謂的「吉祥圖案」。而在木製糕餅粿印模紋飾象徵符號中，我們可見到人們對幸福圓滿追崇、對自然敬畏、對神的祈求、對生命繁衍的寄望。中國人把企求現世生活圓滿的心願，轉化爲琳瑯滿目的吉祥圖案。傳統的吉祥圖紋透過自然、人文、器物等圖像，利用諧音、移情、引伸、神話、傳說、典故等途徑〔註4〕（林會承，1995），賦予圖案規辟災禍與祈求吉慶的象徵意涵。此外，也常和政治、道德思想作緊密連結，因此，裝飾圖紋亦經常扮演教化與反映倫理的角色。

　　在木刻糕餅粿印模紋飾中所呈現的雕刻「吉祥圖案」是生活表現之特徵，亦是人們追求福祥康壽趨吉的符號，（有龜紋、壽桃紋、魚形紋、連錢紋、元寶紋、銀錠紋、龍鳳紋、蝦蟹紋、人物神仙紋、蝴蝶紋、蝙蝠紋、花果紋、鹿鶴紋、其他吉祥圖紋等等）而這些吉祥圖案的紋飾符號，其運用多緣自於日常用物如：動植物、器物、人物、自然現象之借用，並於歷史典故中，找到「吉祥」之典出，復藉「諧音」、「吉語」轉用，流傳於民間，其約定成俗所成之圖樣，有著豐沛的發展與體系。

〔註4〕林會承《傳統建築手冊　形式與作法篇》，臺北：藝術家，民國84年。

　　經由本研究田野調查發現：糕餅印模的圖案多與福、祿、壽、喜有關的吉祥圖案或字樣，如龜甲紋、桃形紋、魚紋、蝠、葫蘆、古錢連貫紋……等，葫蘆表福祿，龜甲表長壽，魚表年年有餘，每一個圖紋都有其特殊意含。紅龜粿是所有飾有龜甲紋的龜粿的總稱，其版印通常在正面刻一橢圓形的烏龜殼花紋，中間刻一壽字，或「財子壽」，周圍飾以簡單的花草圖案，反面刻一圓形中置「壽桃」圖樣，兩側邊刻有一串錢。

　　當做拜拜（如拜天公），或老年人做六十、七十、八十大壽，就用糯米糕。將之先染成紅色，再在木板印上擦些花生油，把糕印成龜紋、桃紋，然後供奉。有時為了謝神、還願、求雨、建廟大典，也做紅龜糕來祭祀，此種紅龜糕大的有一斤以上，小的也有幾兩重。臺灣民間在過年過節，或婚喪喜慶的場合時，準備各式各樣印有吉祥圖案的粿、糕餅、點心，不論祭祀或享用，皆有慶賀祝福的雙重意義。

　　如：禮餅餅模雕有龍鳳，意指龍鳳成雙、夫唱婦隨的吉祥含義；結婚時用的糕印，刻有、福、祿、壽三星，也代表吉祥如意之意；有些糕印，刻著鳥、魚、善、花，是用來作禮品的。而以下是本研究田野調查所蒐集的印模實物中，及採訪各位匠師與收藏家，所得知的木刻糕餅印模之吉祥圖案：依題材來源及內容特質，可歸納為八大類：（一）吉祥禽獸圖案紋飾（二）吉祥水族圖案紋飾（三）吉祥昆蟲圖案紋飾（四）吉祥人物圖案紋飾（五）吉祥花草圖案紋飾（六）吉祥貨物圖案紋飾（七）吉祥辟邪物圖案紋飾（八）吉祥文字圖案紋飾等。以下分別探討之。

圖 6-2-1：鄭永斌師傅親自繪畫糖塔模設計手稿

面寬 13.2cm，總高 25cm。
資料來源：本研究者掃描拍攝 94/8/28。

一、吉祥禽獸圖案紋飾

動物紋飾自古以來即常被運用在各種建築、服裝、器物的裝飾上。究其緣由，動物在遠古時期常被視為氏族的圖騰象徵，透過政治與宗教思想的影響，動物紋飾在神格化之餘，被賦予祈福辟邪的象徵意涵。在糕餅印模紋飾中，動物主題因其名稱諧音、外觀形態及動物屬性而各具特徵寓意，藉以滿足人們對理想生活的冀求。

（一）龍

《說文解字》：「龍，鱗蟲之長，能幽能明，能細能巨，能叛能長。春分而升天，秋分而潛淵。」人民視龍為神靈、吉祥之物。在傳統訂婚餅模中，常見龍鳳相對的圖紋，寓意「龍鳳呈祥」，用以祝賀新婚。

此外，龍的形象還衍化出許多龍的造形、紋圖，被廣泛應用於工藝裝飾之上。如團龍、夔龍拱壁、龍抓珠、拐子龍、龍花拐子、草龍拐子等。此外還有九龍、二龍戲珠，以及「狀元及第」、「鯉魚跳龍門」、「龍鳳呈祥」的吉祥圖案（圖 6-2-2、圖 6-2-3）。

圖 6-2-2：鄭永斌師傅　　　　　　圖 6-2-3：鄭永斌師傅
親自繪畫餅仔模設計手稿　　　　　親自繪畫餅仔模設計手稿

面寬 18.4cm，總高 18.7cm。　　　　面寬 16.9cm，總高 16.4cm。
資料來源：本研究者掃描拍攝 94/8/28。　資料來源：本研究者掃描拍攝 94/8/28。

（二）鳳

在龍鳳文化中，鳳專屬於女性，但一般來說，早期只適用於皇家。如鳳

冠，漢制惟太皇太后、皇太后、皇后入廟行禮飾之〔註5〕（周錫保，1992）。
演革至明代，則九品以上命婦皆用鳳冠，但冠上鳳飾之多寡則與皇家有別，
不可僭越。平民嫁女亦可借用九品服，其後鳳冠霞帔遂成為嫡妻的例服。

　　鳳紋亦應用於青銅器上，有鎮邪避惡的吉祥意義。吉祥圖案則藉鳳凰為
百鳥之長，群鳥皆從其飛，而有「五倫圖」，以鳳凰喻君臣之道。此外，尚有
「龍鳳呈祥」、「丹鳳朝陽」、「有鳳來儀」、「百鳥朝鳳」、「鳳凰于飛」等。鳳
為百鳥之首，鳳與龍構成了龍鳳文化，是中國傳統文化中極重要的一部分。

**圖6-2-4：鄭永斌師傅
親自繪畫糖塔模設計手稿**

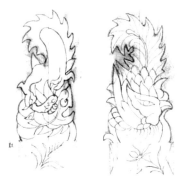

面寬15cm，總高30cm。
資料來源：本研究者掃描拍攝94/8/28。

**圖6-2-5：鄭永斌師傅
親自繪畫糕仔模設計手稿**

面寬10.8cm，總高6.2cm。
資料來源：本研究者掃描拍攝94/8/28。

**圖6-2-6：
鄭永斌師傅親自繪畫餅仔模設計手稿**

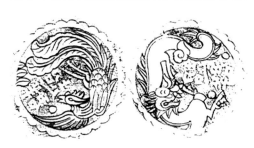

面寬17.6cm，總高8.9cm。
資料來源：本研究者掃描拍攝94/8/28。

**圖6-2-7：鄭永斌師傅
親自繪畫餅仔模設計手稿**

面寬9cm，總高9cm。
資料來源：本研究者掃描拍攝94/8/28。

〔註5〕 周錫保《中國古代服飾史》，南天書局，1992年。

　　鳳與龍相環抱的圖紋，常應用在訂婚餅模上，寓意「龍鳳呈祥」。鳳爲至德之世的瑞鳥，國有道時才出現，親近賢聖之君而至其庭園，諸多古籍均有記載。鳳演變到後期，發展成爲皇后的祥兆與女性代稱。龍鳳紋多爲糕餅印模圖紋，圓形或菊花形、葵花形糕餅模中，刻龍騰鳳翔圖案，中刻「二姓合婚」等吉祥字，喻意「二姓合婚，龍鳳呈祥」。

圖 6-2-8：鄭永斌師傅
親自繪畫餅仔模設計手稿

面寬 19.2cm，總高 19.5cm。
資料來源：本研究者掃描拍攝 94/8/28。

圖 6-2-9：鄭永斌師傅
親自繪畫餅仔模設計手稿

面寬 15cm，總高 15cm。
資料來源：本研究者掃描拍攝 94/8/28。

圖 6-2-10：游有成師傅
親自繪畫餅仔模設計手稿

面寬 13.9cm，總高 13.9cm。
資料來源：本研究者掃描拍攝 95/3/27。

圖 6-2-11：游有成師傅
親自繪畫餅仔模設計手稿

面寬 18cm，總高 18cm。
資料來源：本研究者掃描拍攝 95/3/27。

（三）龜

　　龜擁有豐富的文化意涵。古代占卜時，灼烤龜甲，是源於龜背有紋理，龜殼上的紋理變化豐富，俗稱「龜甲紋」或「龜鎖紋」。龜甲紋理中蘊涵著神秘莫測的世界，相傳龜的壽命極長，能鑒往知來，其龜甲因而被用來占卜。

　　為「長壽之徵」，人們以「龜齡」比喻「高齡」。臺灣民間在節慶時，喜做紅龜粿，認為食者可以長壽，因此在傳統木刻粿模中，可見圖樣豐富萬變的龜甲紋。龜紋是粿印圖案中最常見的吉祥圖案，以龜的長壽做為吉祥圖飾，龜紋中或刻有壽、福祿壽等祝壽語。模面雕著對稱的龜紋者，龜甲的圖紋又作多種排列變化，中間並刻上「壽」「福祿壽」「福如東海」「壽比南山」等祝壽語。刻工明朗有力，線條流暢，可以看出刻模者靈巧而自由創作的巧思。若是為老人祝壽、或廟宇神明聖誕千秋做壽，有專做大壽龜用的大粿模，其上刻有「福祿全壽龜」五字，大概可以用在印製五斤重的壽龜。其上刻有「福祿壽全龜」五字，古雅莊重，或篆或隸或楷或行草，皆呈藝術圖字。廟宇大龜印，亦有於大龜四足刻小龜，既象四足，又象徵子孫綿多。

　　粿模中最常見的龜甲紋，又有多種變化，模刻著對稱的龜紋後；這種「紅龜粿」適用於各種喜事中，如結婚、謝神等，另外有時在臺灣民俗的掃墓中也使用。這些模一般正反兩面均刻有凹形圖案，將有吉祥圖案單刻版面

圖 6-2-12：林德金師傅
親自繪畫粿仔模設計手稿

面寬 23cm，總高 27cm。
資料來源：本研究者掃描拍攝 95/3/27。

圖 6-2-13：林德金師傅
親自繪畫粿仔模設計手稿

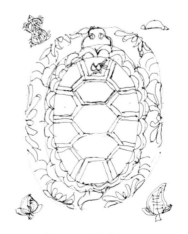

面寬 23cm，總高 30cm。
資料來源：本研究者掃描拍攝 95/3/27。

圖 6-2-14：鄭永斌師傅親自繪畫糕仔模設計手稿

面寬 11.5cm，總高 14.1cm。
資料來源：本研究者掃描拍攝 94/8/28。

的，有雙面的；有連左右兩側邊皆刻圖紋（如魚、錢紋）。亦有一版面刻數隻龜形，或雙聯龜的；也有龜桃並列同一版面的，也有龜蝠並列的，亦有柿花、壽桃並列，也有龜桃、魚、錢並列同面的，多半是一些與福、祿、壽、喜有關的吉祥圖案或字樣。最常見的是長方形木模，一面刻上龜紋，象徵吉祥；一面刻桃形紋，象徵吉瑞；甚至邊緣還雕有小型圓圈，代表古錢連貫的紋樣，象徵子孫綿延不息。

此外，也有形制特殊的上中下三組合粿印，上下兩片可活動，板中間彫空橢圓，便於印粿；亦有難得一見的立體可愛的龜糕粿模印。通常粿印彫刻較淺，糕印彫刻較深，但都可看出藝匠的巧思，美術的奇麗。

（四）麒麟

麒麟為四靈之一，亦為傳說之獸，其形象描繪說法不一。《說文》曰：「麒，仁獸也，麋身牛尼，一角；麟，北麒也。」《爾雅注疏・卷・釋獸》陸機古注：「麟，麕身牛尾，一角，黃色，圓蹄，角端有肉。」《宋書・符瑞志》則具體描述麒麟為：「蛇身、鷹爪、鹿角、龍鼻、馬面、魚鬚、魚鱗、獅尾。」

麒麟因「麟吐玉書」而成為子孫出息與才俊之士的象徵，後附會「天仙送子」的傳說，而轉化為可求子嗣的送子靈獸。吉祥圖案「麒麟送子」有童子騎麒麟，角或掛一書，或童子騎麒麟，手持蓮花。多見於結婚用品，也用於祝賀出生的飾物。

圖 6-2-15：鄭永斌師傅　　　　　　　圖 6-2-16：游有成師傅
親自繪畫餅仔模設計手稿　　　　　　親自繪畫餅仔模設計手稿

面寬 14.8cm，總高 14.6cm。　　　　　　面寬 13.6cm，總高 13.6cm。
資料來源：本研究者掃描拍攝 94/8/28。　　資料來源：本研究者掃描拍攝 95/3/27。

（五）鹿

鹿的吉祥意義最爲廣泛的，是鹿諧音「祿」，吉祥圖案中有百頭鹿的「百祿」，鹿和蝙蝠的「福祿雙全」，鹿和福壽二字搭配的「福祿壽」。其次，鹿也諧音『路』，有兩隻鹿的「路路順利」；又鹿諧音「陸」，有鹿與鶴的「六合同春」或「鹿鶴同春」。一可做爲官位俸祿的象徵；二則寓意「路路順利」透過鹿與鶴的圖紋合稱「鹿鶴同春」，即「六合同春」，在禮餅印模中常見此圖樣。人們以鹿爲長壽的象徵，在多種場合用鹿來做爲祝壽、祈禱的主題。鹿常與松、竹、鶴或神仙人物一同出現，用以寓意長壽吉祥。

（六）兔

《抱朴子》：「兔壽千歲，五百歲其色白。」〔註6〕《樂府詩集》中有：「采取神藥若木端，白兔長跪搗藥。」之句。北宋歐陽脩曾詩：「白兔搗藥嫦娥宮。」他的好友梅堯臣亦曾歌詠：「月中辛勤莫搗藥，桂傍杵臼今應閑。」來應和他。據說玉兔所搗的是長生不死之藥。月餅模中玉兔佇立搗藥的模樣極爲可愛，且在糖塔印模中亦可見兔的造形出現。

（七）羊

古時羊與「祥」通，吉祥多寫作「吉羊」，《說文》所謂「羊，祥也」。漢瓦當中亦有『大吉羊』字樣。又古時羊亦通『陽』。《史記‧孔子世家》曰：「眼

〔註 6〕葛洪《抱朴子》，頁 139。

如望羊」《釋名・釋姿容》曰：「望羊：羊，陽也。官陽氣在上，舉頭高，似若望之然也。」〔註7〕劉宋裴玄《新語》亦有新年懸雞羊首以助陽氣的記載：「是日土氣上升，草木萌動，羊齧百草，雞啄五穀，故殺之以助生氣。」

　　祝吉語「三陽開泰」〔註8〕，引自《易經》：「正月爲泰卦，三陽生於下，陰消陽長，冬去春來，吉亨之象」〔註9〕。吉祥圖案以三隻姿態各異的羊仰望太陽表示，又《楚辭・遠游》：「朝濯髮於湯谷，夕晞餘身兮九陽」，故以九隻羊配松、竹、梅稱「九陽啓泰」，均爲福星高照，百事順遂之意。

　　羊是古代珍貴的祭品，太牢、少牢中都有羊。羊雖爲普通的家畜，但因與人類生活關係密切，而逐漸被賦予神秘色彩。

　　羊，古同「祥」字，且「羊」與「陽」同音，古時「羊」字亦通「陽」，《釋名》〈釋姿容〉：「望羊：羊，陽也。」人們喜用「三陽開泰」、「九陽啓泰」做爲祝賀之辭，此語出自《易卦》：「正月爲泰卦，三陽生於下，取其冬去春來，消陰陽長，有吉亨之象，多用於歲首祝頌。」寓意除盡邪佞，好運接踵而來。

（八）鶴

　　在民間觀念中，認爲鶴是長壽的禽鳥，爲羽族之長。《相鶴經》稱鶴爲：「羽族之宗長，仙人之麒驥也。」鶴有「一品鳥」之稱，吉祥圖案中以鶴寓

圖 6-2-17：鄭永斌師傅親自繪畫餅仔模設計手稿

面寬 12.2cm，總高 12.3cm。
資料來源：本研究者掃描拍攝 94/8/28。

〔註7〕劉熙《釋名》，頁 12。
〔註8〕張居正《賀元旦表》。
〔註9〕《易經》，《大辭典》，臺北：三民書局，1985 年。

喻「一品當朝」。在禮餅印模上常以松、鶴、鹿、竹同圖，用以祝賀「松鶴長春」，用以比喻夫妻長春不老。鹿鶴鹿松竹之組合用於禮餅印模，單一題材之鹿，則用於糕仔模。

（九）公雞

公雞是傳統民間信仰中的「德禽」。《花鏡》稱雞有五德：「首頂冠，文也；足博距，武也；見敵能鬥，勇也；遇食呼群，仁也；守夜有時，信也。」文中說明雞的德性，民間美術中喜歡畫公雞於石上，取「雞」與「吉」的諧音，構成吉祥圖案中的「室上大吉」。

雞冠的「冠」字與「官」諧音，有達官顯宦之意，用以祝賀升遷。在閩南語中「雞」與「家」同音，含有「起家」、「興家」之意，使雞成為婚禮和新居落成時的吉祥之物。也因雞是終日啼叫的家禽，而「叫」與「教」同音，所以，雞常被引為「教子」的象徵。有關公雞的圖案，常運用在糖塔印模和糕仔模中。

（十）喜鵲

先秦時代人們認為喜鵲有感應、預兆的神異本領，喜鵲被視為陽鳥，後來喜鵲的感應預兆本領進一步發展，逐漸發展成兩個方向：一為預示客人的到來，如「乾鵲噪而行人至，蜘蛛集而百事喜。」其二是預示喜事的到來，時人之家，聞鵲聲，皆曰喜兆，所以有靈鵲報喜之稱。

民間傳說牛郎織女於七夕時，在鵲橋相會的動人故事。因此，後世稱連繫男女姻緣為「駕鵲橋」。喜鵲在中國文化中有著鮮明的記號，在春聯或新婚喜聯中常以喜渲染喜慶的氣氛。

（十一）蝙蝠

蝙蝠由於形體和習性特殊，古人視其為神異之物。據傳，蝙蝠為長壽之物，食之可以延壽。《抱朴子》：「蝙蝠千歲，色如白雪，集則倒懸，腦重故也。此物得而陰乾末服之，令人壽萬歲。」又「蝠」與「福」同音，其性善飛靈巧，能食蚊蟲，廣為民間歡迎。由於「福」是人生幸福如意的統稱，故應用極廣，在糕餅印模的雕刻圖案中，亦可見「蝙蝠拱壽」的龜仔模。蝠紋蝠與「福」字同音，寓意為「福」，有於龜粿印四周刻蝠，翩翩飛舞，象徵「賜福長壽」。

圖 6-2-18：游有成師傅親自繪畫餅仔模設計手稿

面寬 9.6cm，總高 10.8cm。
資料來源：本研究者掃描拍攝 95/3/27。

二、吉祥水族圖案紋飾

　　通常魚形多彫鯉魚或鯽魚、或金魚，肥美狀健，張鰭翹尾，悠遊跳躍，狀似吉樂。佛家以金魚為八吉祥物之一，乃堅固活潑解脫壞劫之謂。又「魚」與「餘」同音，故亦寓「年年有餘」之意。粿印多刻於正面，且多深彫，印出後糕可染色，更形喜氣。用於糕模、餅模中，亦可用於龜仔模的側邊圖案。富貴有餘、連年有餘、金玉滿堂。

（一）金魚

　　音似「金玉」，常被用來表現「金玉滿堂」，用以比喻財富極多。金魚亦為佛家八吉祥之一，象徵堅固活潑，解脫壞劫，「魚形紋」──魚形多肥美，

圖 6-2-19：林德金師傅親自繪畫粿仔模與餅模設計手稿

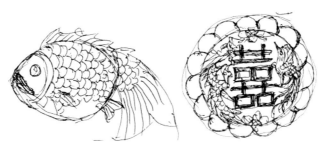

面寬 21.1cm，總高 26.3cm。
資料來源：本研究者掃描拍攝 95/3/27。

狀似喜樂，因魚與餘同音，寓有「年年有餘」之意；通常魚形多「雕鯽魚」，亦有「彫金魚」，肥美悠遊，狀似吉樂。佛家以「金魚」為「八吉祥」之一，乃「堅固活潑解脫壞劫」之謂。又「魚」與「餘」同音，故亦寓「年年有餘」之意。

（二）鯉魚

鯉魚的「鯉」和「利」諧音，傳統吉祥圖案中的「漁翁得利」圖紋運用的便是鯉魚。又因鯉魚多產，所以也被用於祝吉求子，將其視為生育繁衍的象徵。

鯉魚因善跳躍，故用其形象來讚喻「魚躍龍門」。人們常以「鯉魚躍龍門」來比喻經過奮鬥，改變了身份地位，亦指科舉及第或官場得意，用以祝頌高升。鯉魚用於糕模、餅模中，亦可用於龜仔模的側邊圖掌。家家得利、鯉躍龍門，模子刻的是魚形，肥美悠游的魚，一副安樂的樣子，表示年年有餘；通常這種模做出來的粿，大多配合著牲禮，做為祭拜用。

圖 6-2-20：單面雕糕模

資料來源：文物收藏家李啟宏先生。

（三）蝦

蝦的腰呈鐘形，能自由彎曲，具有很大的跳動力，所以蝦的圖樣常用來寓意「順利」和「時來運轉」。又因蝦有殼如甲，有「甲第」之意，人們常用蝦來比喻登科。蝦的圖案多為龜仔模之周圍邊飾，屬陪襯性質，但亦可做為五牲，在餅模中常見之。蝦用於糕模、餅模和龜仔模的周邊裝飾時來運轉、扭轉乾坤圖案。

 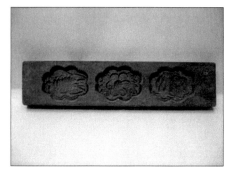

（四）蟹

蟹常被寓爲「科舉題名」之徵，因爲蟹有殼如甲，寓有「甲第」、「登科」、「科甲之徵」之意，蟹的圖案多用於龜仔模之周圍邊飾或單一的糕仔模中。爲各類一般動物紋飾之題材內容與吉祥寓意表。用於糕模和餅模。

三、吉祥昆蟲圖案紋飾

（一）蝴蝶

蝴蝶姿態優美，色彩豔麗，具裝飾效果，彩蝶紛飛容易讓人與繁花似錦的景象相連結，所謂「年瑞人歡花解語，春融蝶舞鳥知音。」因此，彩蝶常被用來描摹春光、表現美景。「蝶：與「耋」同音，《禮記》：「七十日耄，八十日耋，百年日期頤。用蝴蝶隱喻長壽之意。因此，蝴蝶在糕餅印模的雕刻圖案中，常以「耄耋富貴」見之。蝴蝶用於糕仔模。

四、吉祥人物圖案紋飾

人物紋如狀元餅、囍餅，往往有「狀元遊街」、「狀元拜相」、「福祿壽喜神」的彫紋，構圖、神態，均生動有效，古趣洋溢。神話傳說中的祈願性人物，大都具有祈福祥瑞的功能。在糕餅印模中祈願性人物的表現方式可分爲單獨出現和群像構圖。

（一）福祿壽三星

福祿壽三星源自古代的星宿崇拜，是擬人化的神格。有關福祿壽三星的說詞源於《莊子》〈天地篇〉：華封人祝堯「使聖人壽，聖人富，使聖人多男子。」福祿壽三星也稱作「財子壽三星」。三星經常一併使用，以象徵福氣、官祿與長壽。所謂「人間福祿壽，天上三吉星。」人們常用「福如東海、壽

圖 6-2-21：鄭永斌師傅親自繪畫餅仔模設計手稿

面寬 14.6cm，總高 14.3cm。
資料來源：本研究者掃描拍攝 94/8/28。

比南山」做為祝壽的賀詞，福、祿、壽三星在我國流傳年深月久，被視為人生理想生活的終極目標。

福祿壽三星的藝術形象，在民間是家喻戶曉的。「祿星」形象作吏部天官模樣，一身朝官裝束，紅袍玉帶，手持大如意金鉤，足登朝靴，長鬚飄灑於胸前，一派喜顏悅色，庸容華貴之象。「福星」其形象與祿星相似，手抱稚子，有「多子多孫多福氣」之說；「壽星」形象為長鬚高額、鶴髮童顏，手持蟠桃與枴杖。

福星（一）指周文王，多子，有九十九子，再收義子雷震子，共一百子，多子多孫多福氣。造形和祿星相似，手抱稚子。有「多子多孫多福氣」之（二）宋時民俗以「真武大帝」福星。（三）據（唐書》所載，指福星為楊成（亦稱陽城）（四）「天官」主賜福，所以也有視天官為福星者。手持「天官賜福」書軸。

祿星（一）指晉石崇，其官位高，家財萬貫。長鬚、戴官帽、著官抱、手持如意。（二）指送子張仙，即五代後蜀杖。皇帝孟和。中國民間有「此我蜀中張仙神，序已之令人有子」的傳說。（三）指五代的張遠宵。

壽星（一）相傳東方溯曾向西王母偷摘蟠桃，所以後人稱他為壽星。長鬚高額、鶴髮童顏，手持蟠桃、枴杖。（二）為二十八星宿中的角、亢二宿。（三）為南極老壽星。司馬貞《通典》〈禮四〉：「壽星，蓋南極老人星也。見則天下理安，故祠之，以祈福壽。」福祿壽福祿壽三星，常用於禮餅印模上。多福、多壽、多男子。

圖 6-2-22：鄭永斌師傅親自繪畫餅仔模設計手稿

面寬 17.5cm，總高 17.5cm。
資料來源：本研究者掃描拍攝 94/8/28。

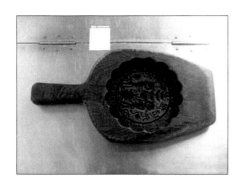

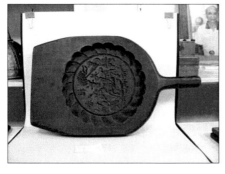

（二）仙佛

　　源於宗教信仰與神仙崇拜，由於凡人能力有限，世事卻難料，於是藉由傳說中仙佛的無邊法力，來滿足世人的心理需求。此一圖案，多用於喪祭禮俗或佛神誕辰。仙佛雕有仙佛的圖樣，多用於喪祭禮俗或神明誕辰場合。

（三）嫦娥玉兔

《搜神記》記載：「羿請不死之藥於西王母，嫦娥竊之以奔月。」嫦娥身處廣寒宮，玉兔佇立在旁搗藥，此一圖案，常應用在中秋餅模上。嫦娥身處月宮，玉兔佇立搗藥。用於中秋餅模。

（四）西遊記故事人物

人們藉西遊記的神話故事內容，表達對神仙樂園世界不死的嚮往，以滿足其心理需求，並傳達邪不勝正的勸戒教化觀念，而此一終極目標，便是盼望死後能昇天。西遊記人物西遊記故事人物，多用於零食糖塔印模。

圖 6-2-23：游有成師傅親自繪畫餅仔模設計手稿

面寬 15.4cm，總高 14.9cm。
資料來源：本研究者掃描拍攝 95/3/27。

（五）水滸傳故事人物

藉水滸傳故事人物，傳達忠孝節義的英雄故事，用以匡正世道人心。水

澔傳故事人物，多用於零食糖塔印模。傳達忠孝節義的英雄故事，用以匡正世道人心。

（六）狀元榮歸

狀元及第，衣錦還鄉，取古代科舉考試的吉祥兆頭，此一圖案多用於狀元糕模。狀元榮歸狀元遊街，衣錦還鄉。用於狀元糕模或中秋餅模。當朝一品、三元及第、五子登科。

（七）長壽人面形象

以長壽的人面形象出現，說明了對長命百歲的嚮往，此圖案多用於祝壽糕仔模。西洋版的現代壽星，用於祝壽的糕仔模。

五、吉祥花草圖案紋飾

植物崇拜是指對食用、藥用以及特殊植物的宗教性信拜仰，屬於自然崇的一部分。由植物崇拜所形成的植物神話，是古代人透過神話思維解釋實際的植物，並且藉由植物來反映他們的生活理想，可說是自然與人文兩種思維的相互結合。

在東、西方都有利用花草植物造型來作裝飾圖案，用以象徵吉祥或表徵神聖意義與人格特徵，但比較起來，中國在漢代以前的美術圖案，以動物紋為主，直到佛教東傳，西方的植物紋飾才大量傳至中國。

在中國，植物紋飾豐富多變化，充分展現中國人卓越的造形能力，如菊花形、葵花形，或於龜、桃、魚圖形加刻花草，忍冬紋等，寓意清高、仙逸、長春、君子、綿延。尤其中國人喜歡以「瓜果」做為表現題材，為西方所不及。鮮美的果實，原為平凡之物，但加上祈福的象徵意義後，不但為我們的生活帶來歡喜期盼之情，瓜果相關的造形圖案更豐富了我們的視覺經驗。

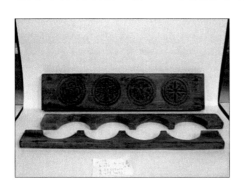
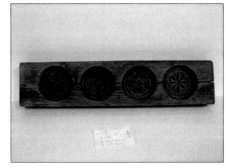

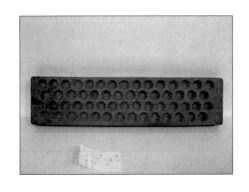
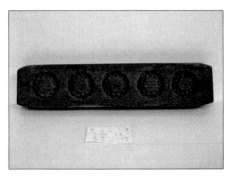

圖 6-2-24：鄭永斌師傅　　　　　圖 6-2-25：鄭永斌師傅
親自繪畫糕仔模設計手稿　　　　親自繪畫糕仔模設計手稿

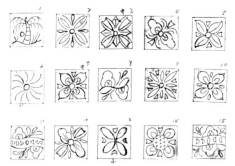

面寬 26.5cm，總高 18.7cm。　　　　面寬 27.4cm，總高 20.3cm。
資料來源：本研究者掃描拍攝 94/8/28。　資料來源：本研究者掃描拍攝 94/8/28。

（一）松

　　唐裴度也曾作賦：「懿夫春夏榮滋，我不競於芳時，秋冬淒冽。我不改其素節。」歌頌松柏「君子之志行」〔註 10〕（潘富俊，2002）傳統民間觀念，稱「松」為長青不老之徵，以靜延年，歲寒不凋，賦予「松」延年益壽的吉祥寓意。禮餅印模上松、鶴常與竹、鹿成組出現，以喻「松齡鶴壽」。

（二）竹

　　竹，有君子之風，虛而有節。因其生長特性，被視為理想人格象徵，如歲寒三友（松、竹、梅），四君子（梅、蘭、竹、菊），五瑞（松、竹、萱、蘭、壽石）等。有關竹的象徵意義，可由白居易〈養竹記〉得知：「竹本固，因以樹德，君子見其本，則思善建不拔者；竹性直，直以立身，君子見其性，

〔註 10〕潘富俊《詩經植物圖鑑》，臺北：貓頭鷹出版社，2001 年。

則思中立不倚者；竹心空，空以體道，君子見其心，則思應用虛受者，竹節貞，貞以立志，君子見其節，則思砥礪名行、夷險一致者，夫如是，故號君子。」因此，以竹的高潔形象做為主題的吉祥圖案便廣泛地運用在日常生活中，糕餅印模中亦常見之。

「竹」與「祝」諧音，表示祝賀之意。相傳爆竹的起源是以竹投入火中，以爆炸驅鬼，後才改以火藥，又因「爆」與「報」同音，所以，竹有「報平安」的意思。

（三）蕉葉

道家八寶之一蕉葉圖案常用在糕餅印模的周邊紋飾或運用在單一的糕仔模中。

（四）牡丹

自唐朝以來，牡丹即為豐碩與富貴的象徵，人們稱其為百花之王，藉牡丹來象徵人世間的榮華富貴。牡丹具「國色天香」之審美價值、又有「花王」、「富貴花」之吉祥寓意，遂成為傳統吉祥圖案的重要題材，常見的如「官居一品」、「國色天香」、「富貴長春」、「神仙富貴」、「十全富貴」。其紋飾廣泛應用於畫稿、衣料、家具、什器、建築，禮餅印模中常見「龍鳳戲牡丹」圖樣，一般的糕模中亦有以牡丹做為主題的紋飾。

圖 6-2-26：鄭永斌師傅親自繪畫餅仔模設計手稿

面寬 10.2cm，總高 9.9cm。
資料來源：本研究者掃描拍攝 94/8/28。

圖 6-2-27：印模刻有牡丹圖形　　圖 6-2-28：印模刻有牡丹圖形

資料來源：朱盛文物紀念館展示圖錄。　　資料來源：朱盛文物紀念館展示圖錄。

（五）蓮花

蓮花常被運用在裝飾圖案上，推究其因，歸納如下：

1. 受佛教的影響，在佛教極樂世界裡，眾生皆為蓮花的化身，為了追求輪迴超脫，無所染著，永生極樂，故以蓮相喻。蓮花是佛的化身，蓮花圖案，象徵仙佛的護佑，無所沖犯。
2. 蓮為君子的象徵，文人墨客，喜以蓮花標榜高潔的人格。
3. 「蓮」與「連」同音，蓮花與牡丹組合成「富貴連連」，與金魚成為「連年有餘」，均為常用的吉祥語。
4. 蓮花的形色具強烈的裝飾效果。綜上所述，在糕餅印模中亦常以蓮花做為裝飾圖案，其中最特別的當屬用於喪禮中的「蓮花糕模」。

圖 6-2-29：鄭永斌師傅　　　　圖 6-2-30：鄭永斌師傅
親自繪畫糕仔模設計手稿　　　親自繪畫糕仔模設計手稿

面寬 18.4cm，總高 11.9cm。　　　面寬 19.9cm，總高 20.8cm。
資料來源：本研究者掃描拍攝 94/8/28。　資料來源：本研究者掃描拍攝 94/8/28。

（六）菊花

菊又稱「長壽花」，《風俗通》記載：「南陽酈縣有甘谷，谷水甘美。云其山上有大菊，水從山上流下，得其滋液。谷中有三十餘家，不復穿井，悉飲此水，上壽百二三十，中百餘，下七八十者，名之『大天』。菊花能輕身益氣故也。」〔註11〕《神仙傳》亦曰：「康風子服甘菊花，柏實散得仙」，《抱朴子》則稱劉生丹法用白菊花等，「服一年，壽五百歲。」

菊能輕身益氣，令人久歲有徵，因而被稱爲「長壽花」與「延壽客」。且菊經秋耐寒，亦有人用它來比喻君子，宋朝周敦頤《愛蓮說》謂菊，爲花之隱逸者也。中國民間一直將菊視爲長壽花、君子花。

圖 6-2-31：游有成師傅　　　　　　圖 6-2-32：游有成師傅
親自繪畫糕仔模設計手稿　　　　　　親自繪畫糕仔模設計手稿

面寬 16cm，總高 10.8cm。　　　　　面寬 17.1cm，總高 17.1cm。
資料來源：本研究者掃描拍攝 94/8/28。　資料來源：本研究者掃描拍攝 94/8/28。

圖 6-2-33：糕仔模刻有菊花圖形　　圖 6-2-34：糕仔模刻有菊花圖形

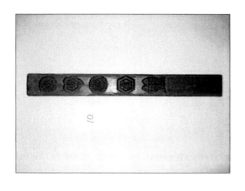
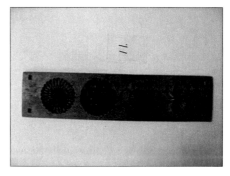

〔註11〕歐陽詢《文藝類聚》，卷八一「藥香草部上」。

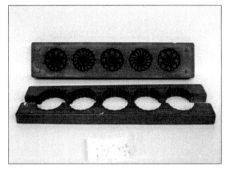
資料來源：文物收藏家李啓宏先生。

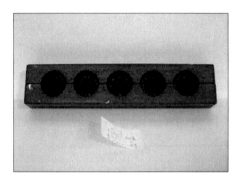
資料來源：文物收藏家李啓宏先生。

此外，由於菊花的花瓣相連，俗稱「菊花瓣」，木製糕餅印模中，常見雕有菊花紋樣的糕模，其雕工繁複細膩，極具藝術價值。由此，可以看出臺灣民間對菊的喜好與崇拜。

（七）梅花

最早記載梅的古籍是《詩經》，但多取梅實爲食，《禮記》〈內則〉亦載：「瓜桃李梅……皆人君燕食所加庶饈也」（潘富俊，2002）。梅有四貴：「貴稀不貴密，貴老不貴嫩，貴瘦不貴肥，貴含不貴開」，且具「初生爲元，開花如亨，結子爲利，成熟爲貞。」之四德。

梅花「獨先天下而春」，故有「報春花」之稱，其凌寒獨自開的品格向來爲人所稱頌。梅常被喻爲美人，國人更以「竹梅雙喜」來祝賀夫妻恩愛。在糕餅印模中可見喜鵲在梅枝上高鳴的圖樣，稱爲「喜上梅稍」或「喜報春先」。

圖 6-2-35：鄭永斌師傅
親自繪畫餅仔模設計手稿

圖 6-2-36：
糕仔模刻有梅花圖形

面寬 15.3cm，總高 6.5cm。
資料來源：本研究者掃描拍攝 94/8/28。

資料來源：朱盛文物紀念館展示圖錄。

（八）纏枝紋

纏枝紋源於漢代，盛行於南北朝，纏枝紋是以藤蔓植物為基礎綜合而成的一種紋樣，富流動感，優美而生動，有長生不息、萬代綿延之意，寄託人們祈求長壽的必願，進而表現家族世代綿長，香火不絕。在糕餅印模上常以纏枝紋做為邊緣紋飾。

（九）三多（佛手柑、仙桃、石榴）

三多的內容為佛手柑、仙桃、石榴，寓意著「多福、多壽、多男子」。中國人喜好「三」，認為其代表「多」，此一觀念從《老子》：「道生一，一生二，二生三，三生萬物。」可以得知。由無至有，再發展到無限的可能性，「三」是一個重要的關鍵。以下分別介紹三種瓜果在糕餅印模紋飾上的運用情況。

1. 佛手柑

佛手柑，又稱佛手，本名香櫞，佛手因是佛的象徵，帶有吉祥含意，以水仙和佛手組成的吉祥圖案「學仙學佛」便是以佛手比喻佛。

代表著美滿與如意之意。「佛」與「福」音近，所以佛手柑也成為「多福」或「多寶」的象徵。佛手柑其形如佛手，佛手給人吉祥美滿的意象，具無上大法力，可以辟邪除煞，在糕模中常見佛手柑的紋樣。

圖 6-2-37：糕仔模刻有佛手柑圖形

資料來源：鄭永斌師傅。

2. 仙桃

印著桃形紋的粿，主要用在小孩做四月日，或婚後初次歸寧時贈送女方家，以分送親友。桃之花期在三月，《禮記‧月令》中說：「仲春之月，桃始華」，故三月又稱「桃月」。《本草綱目》云：「桃性早花易植，而子繁，故字從木兆。十億曰兆，言其多也。」〔註12〕（潘富俊，2002）從古人造「桃」字，即可發現它凝聚了巫術文化的色彩，許慎《說文解字》將桃解為從「兆」得聲的形聲字；「兆」字有多、始等意，桃樹結子是多產的象徵。同樣從兆的「逃」字，《左傳》：「桃弧棘矢，以除其災。」清楚地說明仙桃可以辟凶，促始仙桃在巫術中具有逃凶辟邪的文化背景。歐陽詢《初學記》則載：「北齊崔氏以桃花白雪與兒洗面，令面妍華光悅。」〔註13〕

圖 6-2-38：	圖 6-2-39：	圖 6-2-40：
刻有仙桃圖形的粿印	刻有仙桃圖形的粿印	刻有仙桃圖形的粿印

資料來源：　　　　　　　資料來源：　　　　　　　資料來源：
朱盛文物紀念館展示圖錄。　朱盛文物紀念館展示圖錄。　朱盛文物紀念館展示圖錄。

〔註12〕潘富俊《詩經植物圖鑑》，臺北：貓頭鷹出版社，2001 年。
〔註13〕簡錦玲《古代花材事典6》，《臺灣博物》第 21 卷第 2 期，2002 年 6 月，頁 72。

臺灣民間喜將食物、器物作成蟠桃狀，傳統的糕餅印模中，常見或圓或尖的仙桃雕繪圖案，用來祝壽祈年，含有祝福長命百歲之意。

縱觀桃之意象為「果實多品，惟桃可佳，天天其色，灼灼其華，或成仙而益壽；或制鬼而杜邪；或美后妃之德；或報瓊瑤之華。」〔註14〕吉祥圖案則多以桃為祝壽題材，諸如：「蟠桃獻壽」、「福壽雙全」、「三多」、〔註15〕等等。

「壽桃紋」——糕模中次多見的紋飾，比喻長壽；桃即「蟠桃」，說三年始一開花、三千年始結果，再三千年始成熟，人食之長生不老，故「桃紋」用喻「長壽」，為所見粿印中次多之圖案，一般多刻連葉桃形，桃中或刻花紋或刻「壽」字，邊緣再加圖形框。

桃即蟠桃，傳說三千年始一開花，三千年始結果，再三千年始成熟，人食之長生不老，故桃紋用喻長壽，為粿印中次多之圖案。一般多刻連葉桃形，桃中或刻花紋或刻「壽」字，邊緣再加圓形框。而一般壽桃紋多刻於印模之另一面，與龜紋正反面對稱。

3. 石榴

石榴，又名安石榴，在西域本是神物，自西域傳入後，古人視其為奇樹，屢見賦詠〔註16〕。潘岳〈安石榴賦〉云：若榴者，天下之奇樹，五州之名果也。是以屬文之士或敘而賦之。遙而望之，煥若隋珠耀重淵；詳而察之，灼若列宿出雲間。

此外，民間則有「簪榴花」的端陽風俗，在南方用以禳病，如道光《高郵州志》卷六所載：「閨中製絨符，用榴花、艾葉簪髻，午則棄之，謂之『送赤眼』。」北方則是給幼女配紙符、簪榴花，故午日又有「女兒節」之稱〔註17〕（丁世良，1989）。

〔註14〕宋吳淑《桃賦》文，見清・汪顥等《廣群芳譜》卷26，新文豐出版社，1980年，頁627。

〔註15〕王充《論衡・道虛篇》所載，東方朔因好寫神仙之事，後被附會為仙人，著有《海內十州記》、〈神異經〉等。

〔註16〕韓愈有詩贊曰：「五月榴開花照眼，枝間時見子初成。」白居易亦有詠石榴詩云：「石榴花似結紅巾，容貌新妍占斷春。」亦有稱其為「丹若」、「徐林」者，梁元帝〈詠石榴〉詩云：「徐林應未發，春暮轉相催。燃燈疑夜火，連珠勝早梅。……」

〔註17〕丁世良等《中國地方志民俗資料匯編》華北卷，書目文獻出版社，1989年，頁15。

　　石榴由於「十房同膜、千子如一」的多子特徵，被視爲多產、豐穰的象徵，擁有「多男子」的寓意，臺灣民間用它來祈求「多子多孫」。舊時的農業社會，諸般操作，均需人力，「有人斯有土，有土斯有財」的觀念普遍深植民心，因爲多子多孫，才能使家庭興旺，財富盈門。作爲吉祥紋圖，北魏時已有類似波斯的石榴紋，隋唐時更配合雲紋發展成海石榴華紋（莊伯和，1989）。吉祥圖案則有「榴開百子」、「三多」。

　　石榴「多子多孫」的象徵，使其成爲臺灣民間普遍崇信的植物，糕餅印模上的石榴有兩種表現形態：一爲石榴果實，一部分紅熟豐滿爆開，象徵「榴開百子」；一爲石榴花，花開滿簇，象徵「榮華多子」。

圖 6-2-41：游有成師傅　　　　　　　　　圖 6-2-42：
親自繪畫餅仔模設計手稿　　　　　　　　刻有石榴圖形的粿印

面寬 17cm，總高 19cm。　　　　　　　　資料來源：鄭永斌師傅收藏。
資料來源：本研究者掃描拍攝 95/3/27。

（十）柿子

　　秋天柿葉經霜變紅，韓愈詩「友生招我佛寺行，正值萬株紅葉滿」，便是歌詠其景之壯觀（潘富俊，2002）「柿」與「事」同音，唐代段成式《酉陽雜俎》中謂柿有七德：「一壽、二多陰、三無鳥巢、四無蟲蠹、五霜葉可翫、六嘉實、七落葉肥大。」〔註 18〕可謂雅俗共賞的植物。《爾雅》亦云：「木中根固者惟柿爲最稱之爲最。」〔註 19〕「柿盤」，用以比喻地盤的堅固與穩定。在糕仔粒模中常見「柿蒂紋」的圖樣。

〔註 18〕段成式《酉陽雜俎》，北京：二中華，1985 年，頁 75，新一版。
〔註 19〕陸佃《爾雅新義》，臺北：臺灣商務，民國 70 年，頁 482，初版。

（十一）鳳梨

閩南語的「鳳梨」音似「旺來」，象徵福氣，好運到，又「梨」與「利」音近，因而引以象徵「多利」，糕模中喜用鳳梨做為裝飾圖樣，取其好兆頭。

（十二）葫蘆

葫蘆原產於印度，又稱蒲蘆、壺蘆、匏瓜、瓠瓜等。因其藤蔓綿延，結實累累，籽粒繁多的特性，故被當做象徵、祈求子孫萬代的吉祥物。又葫蘆自古即被作為藥、酒的盛器，在原始洪水神話中，還是藏人的器皿，因此成為賦予生命的象徵，葫蘆曾是古代圖騰崇拜的一種形式。葫蘆除了食用外，人們還從葫蘆分割後變化多端的形狀上，獲得啓示，仿照葫蘆的形式，製造出各式各樣的陶器。

葫蘆多子，象徵生命力的強盛，綿延不絕，舊時喜用葫蘆來祝頌「子孫昌盛」。「葫蘆」閩南音近「富仔」，而「蔓」與「萬」字同音，因此，象徵「富貴萬代」。葫蘆具有神秘象徵，是仙人手中的道器，神秘的葫蘆，說明著孕涵萬物的可能性。葫蘆出現在民俗生活裡，主要是有除病、辟邪的象徵，由於葫蘆可以收毒，亦具有「起死回生」的仙丹能力。糕餅印模中常見單一的葫蘆圖樣或以其做為邊飾。

（十三）蓮蓬

古人說：「凡物先華而後實，獨此物華實齊生。」說明一般植物都是先開花後結果，唯獨蓮花花果同生，因而被用來寓意「早生貴子」，蓮蓬圖案常用在蓮蓬糕模中。

（十四）稻穗

「穗」與「歲」同音，喻新歲，引伸為「歲歲平安」，常藉稻穗來寓喻「豐收」。

圖 6-2-43：游有成師傅親自繪畫餅仔模設計手稿

面寬 22.9cm，總高 20.3cm。
資料來源：本研究者掃描拍攝 95/3/27。

六、吉祥貨物圖案紋飾

（一）連錢形紋

以圓圈層層交疊，象徵財富連連，多雕於糕印的側面；即「多數之圓圈」，層層相疊，如連錢狀，如疊錢狀，多見於粿印之側面彫刻象徵「財運連綿」。又因錢可生錢子母生利，故又喻「子孫繁延」。圓形代表圓滿無缺，如日如月，永恒常在。又圓形也衍為錢幣，如古之貝幣、金屬幣等，代表財富。圓日月形常伴壽桃一組出現同一版面，圓形中央常彫以柿花，「柿」與「事」同音，表示「事事圓滿」之意。又圓錢紋與仙桃並列，象徵「富貴長

圖 6-2-44：	圖 6-2-45：
以圓圈層層交疊，象徵財富連連	層層相疊，如連錢狀，如疊錢狀

層層相疊，如連錢狀，如疊錢狀。
資料來源：文物收藏家翁清潭先生提供。

資料來源：文物收藏家翁清潭先生提供。

壽」、「長壽圓滿」。而彎錠型，多見於「糕仔印」，呈古銀錠型，上彫花紋，以象徵富貴吉祥。而所有圈形的紋樣，則用於天公生、上元、下元、下元、謝神等祭拜儀式中。

（二）銀圓紋

「圓形」代表「圓滿無缺」，此銀圓之圖形常伴壽桃一組出現同一版面，圓形中央常彫以柿花，「柿」與「事」同道，表示「事事圓滿」的意思，又「銀圓代表財富」，與「仙桃並列」，象徵「富有長壽」。

以上是列與較常見的圖紋，這些吉祥圖案，或單列版面，或重組並列，都涵吉祥，顯見「粿印的世界」中，處處表現著深遠的含意，不僅具有「藝術之美」而已。

七、吉祥辟邪物圖案紋飾

（一）八吉祥

八吉祥又稱「佛教八寶」，指法螺、法輪、寶傘、白蓋、蓮花、寶瓶、金魚、盤長等八件佛教文物。「八」與「發」諧音，象徵發財。八吉祥常被運用在糕餅印模的周圍邊飾上，以求吉瑞祥和之徵。

（二）道家八寶

道家八寶是指寶珠、古錢、磬、祥雲、書、畫、鼎、方勝、蕉葉、靈芝、元寶、犀角杯等雜寶，隨意自其中取出八件，即可構成道家八寶。以下茲介紹在傳統糕餅印模中常見的道家八寶紋飾。

1.元寶彎錠

我國民間慣稱銀錠為「元寶」。舊時文官考試之前，親友常贈筆、錠勝糕（元寶形的餅）、粽子給應試者，取其「必定如意」與「包中」之意。此處的

「錠」與「定」諧音，吉祥圖案中表達「定」，多取「銀錠」來比擬。而元寶的「元」字常被用來比喻「三元及第」。在糕餅印模中常見元寶造形的糕仔模，銀錠是有重量的銀貨，被列為重寶之一，寓意吉祥。

2. 方勝

方勝為道家符號，象徵「道」，可以勝服一切邪煞。「勝」原為首飾名，斜方形的稱為「方勝」，形如菱型。在合婚糖模和糕仔模中常見方勝造形的菱型糖模，模內雕有「萬字不斷頭」或花紋瓜果圖樣。

3. 琴棋書畫

琴棋書畫為文人的象徵，古人常說：「書中自有黃金屋，書中自有顏如玉。」琴棋書畫象徵學識與高雅情操，此類紋飾常用來做為禮餅印模或狀元糕模的邊飾圖案，用以象徵文運，祝人狀元及第。

4. 犀角杯

道家八寶之一可兆吉祥。犀角杯常做為糕餅印模的邊飾圖樣。

（三）花瓶

「瓶」與「平」同音，有平安之意。在木製糕餅印模中，花瓶的造形往往做為糕餅印模的邊飾圖案，另外在糖塔印模中亦可見單獨的瓶供造形。

（四）寶塔

寶塔是天與地、神與人的接觸地，是諸神降臨之地，接受人類供獻的地方，具有鎮邪的作用，其造形常運用在廟宇的建築裝飾中。在糕餅印模中，寶塔紋飾則常用於塔型糖塔印模和禮餅印模中的「龍鳳拜塔」。

（五）毛筆

筆、墨、紙、硯合稱「文房四寶」，毛筆在中國傳統文化中，關係著才思盛弱的問題。據說，毛筆具有靈氣，可以用來辟邪，常見民家在門上懸掛著由紅絲線所繫的一支毛筆，便是拿來驅邪用的。此外，「筆」與「必」諧音，含有「必中」的寓意，用來祝人考試及第。毛筆紋飾常做為合婚糖模與狀元糕模的邊飾陪襯，象徵文運，祝人狀元及第。

（六）扇子

扇子是中國特殊的文化現象，古今文人墨客喜在扇子上題詩作畫，言情托志，贈送摯友親朋。古代官員也常隨身攜帶一把扇子，在各種社交禮儀中

持扇揖讓，扇子無形中成為官職與高貴的象徵。而神機妙算的諸葛亮執扇指揮千軍萬馬，神態自若，因此，羽扇又成了智慧的代表。「扇」與「善」同音，用扇子來象徵善行，預示吉兆。在古代神話傳說中，扇子還可驅邪逐妖，備具魔力。扇子紋樣在糕餅印模中常用來做為邊飾陪襯。

圖 6-2-46：鄭永斌師傅親自繪畫餅仔模設計手稿

面寬 8.4cm，總高 18.7cm。
資料來源：本研究者掃描拍攝 94/8/28。

八、吉祥文字圖案紋飾

　　吉祥文字大都藉其圖案化的造形，以直接或間接的方式，表達祈福納瑞的象徵寓意。中國文字原本就具有圖像之美，裝飾在糕點上更顯得玲瓏可愛，糕點上的文字又稱「花字」，常用的花字有福、祿、壽、囍、財等。

（一）雙囍紋

　　雙囍字，是用來祝賀新婚夫婦的祝賀詞。相傳王安石年輕時赴京考試，路經馬員外家，門前懸掛著一盞貼有半幅擇婿對聯的走馬燈，燈上書：「走馬燈，燈走馬，燈息馬停步。」到考試的時候，恰巧考試的題目為「飛虎旗，旗飛虎，旗卷虎藏身。」王安石腦筋一轉，計上心頭，就用前半聯對應考官，後半聯對應馬家。結果，王安石不但金榜題名，還娶得馬員外的女兒，可謂雙喜臨門，王安石興奮之情油然而生，運筆寫下斗大的「囍」字，並吟詩：「巧對聯成雙喜歌，馬燈飛虎結絲蘿。洞房花燭題金榜，小登科遇大登科。」從此以後，「囍」字之風延續至今，成為今日人們結婚時不可或缺的吉祥字，一般的禮餅印模上常雕有「囍」字。

圖 6-2-47：鄭永斌師傅
親自繪畫餅仔模設計手稿

面寬 16.4cm，總高 9.5cm。
資料來源：本研究者掃描拍攝 94/8/28。

圖 6-2-48：鄭永斌師傅
親自繪畫餅仔模設計手稿

面寬 8.1cm，總高 7.9cm。
資料來源：本研究者掃描拍攝 94/8/28。

圖 6-2-49：鄭永斌師傅
親自繪畫餅仔模設計手稿

面寬 9.6cm，總高 14.2cm。
資料來源：本研究者掃描拍攝 94/8/28。

圖 6-2-50：鄭永斌師傅
親自繪畫餅仔模設計手稿

面寬 8.2cm，總高 8.2cm。
資料來源：本研究者掃描拍攝 94/8/28。

圖 6-2-51：游有成師傅
親自繪畫餅仔模設計手稿

面寬 21.9cm，總高 25cm。
資料來源：本研究者掃描拍攝 95/3/27。

圖 6-2-52：游有成師傅
親自繪畫餅仔模設計手稿

面寬 17.1cm，總高 17.1cm。
資料來源：本研究者掃描拍攝 95/3/27。

（二）壽字紋

「壽」字是源於人們對長壽的渴望。「天地安康和為貴，人間五福壽為先。」由此可見，人間五福，「壽」占第一位。《尚書》〈洪範〉：「五福，一曰壽。」因為，唯有長命百歲，才能享受其他的福祿，壽字在文字圖像上，變化多端，成為圖案化、藝術化的吉祥符圖，常見的有「百壽圖」、「壽」字最運用在龜模中，其變化十分豐富。

圖 6-2-53：鄭永斌師傅親自繪畫餅仔模設計手稿

面寬 6.4cm，總高 6.3cm。
資料來源：本研究者掃描拍攝 94/8/28。

（三）卍字紋

卍字原為梵文，非漢字。在武則天長壽二年時，被採用為文字，其讀音為「萬」，被視為吉祥萬福之所聚。卍字自其四端向縱橫延伸，以相連的方式作各種花紋，意味著綿延不斷的永恆，稱為「卍字錦」。此外，有長腳卍字，意為「富貴不斷頭」。糕餅印模中，常見雕有富貴不斷頭的糕仔。

（四）回紋（雷紋）

回紋脫胎自雷的象形文字，多見於鐘、鼎等器物。雷雨為滋潤萬物的要素，又其形狀，寓意連綿不絕，被視為最大吉祥，經變體之故，廣泛地應用在建築與各種器物上。糕餅印模中，回紋常被做為禮餅印模和月餅模的邊飾圖樣。

（五）雲紋

在佛道思想的影響下，雲常代表上天或做為神仙的坐騎，具有仙氣之徵。雲是滋潤萬物為雨的淵源，「祥雲瑞日」便是吉祥的象徵。雲紋被廣泛運用在糕餅印模上，主要的表現方式則以浮動形狀的雲頭方式做為糕餅印模的背景襯飾。

圖 6-2-54：游有成師傅　　　　　　圖 6-2-55：游有成師傅
親自繪畫糕仔模設計手稿　　　　　親自繪畫餅仔模設計手稿

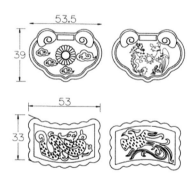 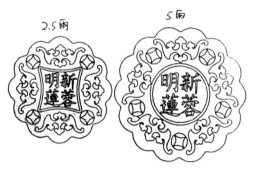

面寬 15.9cm，總高 12.9cm。　　　　面寬 16.2cm，總高 10.3cm。
資料來源：本研究者掃描拍攝 95/3/27。　資料來源：本研究者掃描拍攝 95/3/27。

第三節　小　結

吉祥圖案是明清以來最為流行的一類圖案，清時期的裝飾圖案，大部份是「圖必有意，意必吉祥」[註20]。

久遠以來，常民生活文化所呈現的一種特徵，其內容方式因材料運用的差異，這些工藝領域的表現，特別在民間工藝中的使用十分廣泛而且常見，

〔註20〕《莊子》：虛室生白，吉祥止止。成玄英疏：「吉者，福善之事；祥者，嘉慶之」。

無論石雕、木雕、交趾、剪黏，幾乎其重要的創作內容，都不能遺漏這個題材。但由文化歷史的角度、音義組合之表現，其背後都有歷史典徵或成語做為其構圖的內容，都是屬於趨吉納祥，而非雜拼而成。所以在臺灣木刻糕餅印模造型與圖案研究中，這些表現就藝術史的發展而言，是有其可探討的目的，但在這些未發生之前，更為久遠的，傳統文化的「吉音」、「吉字」、「吉語」和圖案的構成，無論從傳統文化欣賞或製作的角度而言，都不能不識。

　　深入的分類和研究，對糕餅印模造型與圖案的組合和架構必有一定的助益，說明民間工藝發展之餘，闡揚吉語、諧音在民俗生活上的運用，也更了解藝術在民間的表現方式之外，能給予糕餅印模藝術正確之視野，突顯其所承載、鮮為人知的文化內涵與祥瑞美意。

　　基於更重要的，是給予臺灣木刻糕餅印模造型與圖案正確的認識。淵源於傳統歲朝清供與折枝花鳥繪畫的雕刻裝飾圖案，呈現著民間匠師豐富的想像力，其充實人文精神與情感之內涵，足以激發創造力，可為工藝、雕刻、造型與圖案設計等方面之應用，以提高現代人之生活品質。

第柒章　結論與建議

第一節　研究發現

一、在相關文獻探討中瞭解

（一）從文化起源方面的角度探討到木刻粿餅糕、糖塔印模方面呈現多方說明。在文獻內容中有許多學者以實地田野調查資料做為出發，所以可以充分體會臺灣地區各地龜祭活動與糕餅祭祀的情況，也是歷史的見證，可與古代的學術典籍相對照，達到學理與實務並重的效果，對於瞭解臺灣龜祭文化、糕餅印模文化起源助益頗大。

（二）在歲時節慶方面的角度，描述歲時節慶時木製粿餅糕、糖塔印模的呈現與使用狀況，包括粿的過程與糖塔為主題的製作方式，及臺灣木刻的糕餅印模，種類繁多，使用的目的也不同。

（三）糕餅印模與民俗意涵方面在文獻中詳述各項年粿的製作過程和民間對作粿時的禁忌，在臺灣舊慣習俗信仰中，常透過各種寓有不同吉祥含意的粿類來表達慶賀之意。以及各類粿食的形制、使用時機和象徵意義與民俗意涵，足以證明傳統社會中對做粿的重視程度，也充分表達糕餅印模與民俗意涵的相關意義。

（四）手工藝術與生活息息相關，木刻粿餅糕糖塔印模的製成隨著生命禮俗的演變而有不同的形式，為求美感在產品設計上又加以變化，而在造型及樣式的選取方面，也依不同需求而改變，因此在餅模的製作上花紋、造型的細膩與美感，成為師傅們爭相表現的方式，從藝術的角度來詮釋木刻粿餅

糕、糖塔印模。

二、由國內外案例分析中反映出

（一）要被稱為民藝品，就必得是經過誠實思考用途的健全器物，條件包括是對品質的仔細推敲、合理的方法以及熱誠的工作，惟有這樣才能生產出對生活有幫助的誠實用器。

（二）工藝文化有可能是被丟掉的正統文化。原因就是離開了工藝，就沒有我們的生活。因此，如果工藝是貧弱的，生活也將空虛，如果工藝的文化不繁榮，整個的文化便失去了基礎，因為文化首先必須是生活文化。傳統工藝因傳統的造型語言和手工性質，能喚起我們無比的親切感，這是現代工業的理性所不能代替的。

（三）每一個地區粿糕餅模皆獨具特色，皆不一致，都有它們獨特的工藝之美作為主題，尤其是木刻糕餅粿印模皆刻繪出線條流暢，或簡潔遒勁、或樸拙醇厚、或親切趣味的圖案無論布局、動態、神韻方面，及其「吉祥圖案」蘊涵了特殊意義，在文化方面、在美學的價值、在傳統藝術上定位，都很值得詳細賞析。

（四）糕餅文化與人民的生活息息相關，然而由於時代的變遷，許多傳統糕餅已漸漸失傳或被新式的餐點所取代。再加上經濟能力的提升，更使現代人隨時可以享受到世界各地的糕點。如今的糕餅已不再完全依附於傳統民俗，而儼然成了人們日常飲食的新寵。

三、從對臺灣木刻糕餅印模匠師訪談中發現

（一）基於傳統手工刻模的逐漸凋零，部份匠師們開始轉型為機械化刻模，並生產製作糕餅的機器，主要服務對象也轉為專業的糕餅店或烘焙工廠。有許多老字號的糕餅店如今大多轉型為自動化量產，對餅模容積、尺寸的要求不僅愈益精密，紋飾的設計更具繁複的多層次變化。

（二）到了現今的工商社會，民眾早已無暇自己製作傳統米食了，大多是在坊間或市場購買現成的；而且又有西式麵包、蛋糕的選擇，以及塑膠模具和大陸廉價模具引進，都使得手工刻模這行業漸漸失去了競爭力。所以匠師們改與專業的糕餅烘焙公司合作，朝自動化生產和機械刻模的方向發展。

（三）在商業考量下，對相同模具的需求自然相當大，若仍採用手工刻

模，不僅來不及刻製，也會因為模子的誤差過大，而造成量產過程不必要的材料耗損。所以當工廠開發出新造型的糕餅，便會請他們以手工刻製木模作為打樣，然後以木模「試敲」糕餅，待糕餅歷經烤箱烘焙，因遇熱膨脹變形之後，再依據此一成品之造型、紋飾修整模具，等確認沒問題，才製作量產過程使用的塑膠或鋁合金機械模。

　　（四）匠師們面對時代的變遷，覺得有幾許的無奈，近來還有人從大陸進口了大批的木刻印模，因為做工粗糙，刀工不乾淨，雕工草率，反應不佳，而且做生意信用很重要，大陸人做生意較沒信用、土地太大、商譽太差、又時常收不到錢。並沒有造成太大的衝擊，但是假以時日，恐怕終必造成威脅。

　　（五）面對技術傳承的問題，匠師們覺得有些許的感傷，現在的人沒人要學這門技術手藝了，找不到徒弟也是沒有辦法的事。現在臺灣的年輕人都缺乏耐性，手工刻模這行業恐怕即將面臨失傳，也要考慮市場及出路的問題。從事印模雕刻遇到最大的難題就是真的無法生存。

　　（六）部份匠師們覺得還能做，能做多久就做多久了。在匠師們心中總有一股傳承的使命支持著，若無使命感支持匠師們恐怕也已經轉業到他行去了。

第二節　結　論

　　在本研究中以田野調查的角度觀察，了解到傳統臺灣民間社會所使用的木刻糕餅粿印模都是經過手工雕製的關係，其內容造型、圖案源由、圖案結構、裝飾紋飾、雕刻技法、製作方式、木頭材質、構圖觀念、雕刻師傅的師承流派、師承方式……的差異，幾乎每一粿糕餅模皆獨具特色，皆不一致，都有它們獨特的工藝之美作為主題，木製糕餅粿印模皆刻繪出線條流暢，或簡潔遒勁、或樸拙醇厚、或親切趣味的圖案無論布局、動態、神韻方面，都很值得詳細賞析。

　　從傳統木刻糕餅印模的品類、紋飾、造形與材質，讓筆者認識臺灣早期社會人文的豐富與工藝的巧妙。傳統木刻糕餅印模深具古樸之美，其雕刻紋飾無論是人物故事、花鳥器物、文字天象，為因應吉祥喜慶的需求，而顯現樂觀積極的紋飾特性，反映出人們心中對生命繁衍、幸福圓滿的寄望。

　　在訪問各位匠師與收藏家的過程中，深刻的了解到民間雕刻工藝之發

展，是一直呈現豐富且多樣的外貌，而在藝術的範疇當中，民間工藝一向扮演著和民眾生活息息相關的角色。而民間工藝之不同於純藝術，其最重要的差別在於「實用性」，實用的基礎，一向是依存在實際的生活上。在這些糕餅印模的師傅身上得知，在師傅的工藝創作及作品不僅是供餬口的工作，也是表現他個人的個性、意志的工具，並且在時間的洪流中，以作品無聲的表現出時代的精神。無論是技巧的發展或構圖內容，這些融於生活體態中的文化體質，是值得今天特別去注意與關懷。

筆者認為傳統手工雕刻之糕餅印模雖具有高度藝術價值卻不被大眾重視，任由粿印文物遭毀壞或賤價出售，加上無論公私收藏之粿印，皆僅做到展示而未達到教育、推廣之功能，尤其在學校、社會、家庭的鄉土文化教育中，並未注重藝術與生活的融合，致使絕大多數的民眾無法認識珍惜粿糕餅文化之美。

因現代化機械大量生產取代傳統手工精緻雕刻，因消費者口味西化而使傳統糕餅逐漸式微，諸如此因，在在都影響著傳統木刻糕餅印模的需求，使木刻糕餅印模面臨許多現實因素的衝擊，而有漸漸消失的趨勢。因此，對傳統糕餅印模文物的保存，可說是刻不容緩的事情。

近年來，臺灣的電子業和傳統產業高喊著「產業升級與轉型」，相較之下，傳統的手工刻模恐怕算是一門「古老的行業」。臺灣木刻糕餅印模如何走出一條屬於自己的路。不但可以保存了傳統手工的技藝，也可以為米食文化留下深刻的烙印，必須要政府及相關的單位集思廣益和通力合作，將之提升為現代化的手工的技藝產業。

第三節　建　議

一、政府能妥善運用政策並規畫出傳統手工藝術的中心，為傳統與現代之間尋得一個傳承、一個對話的方法

在法國巴黎市內第十二區有一個傳統手工藝術的中心名叫「藝術拱橋」（Viaduc des Arts）這藝術拱橋是具有美感價值與教育意義又可以整合傳統與革新，並保留傳統手工藝術。這樣的案例讓筆者深深體會到政府一個富有遠見的文化政策對民間的生活有何等長遠的影響；一座已被廢置多時的舊橋樑，竟可以脫胎換骨搖身變為一個傳統手工藝術的新重鎮，以及民眾休閒散

步的植物園。「藝術拱橋」（Viaduc des Arts）的意義，是保存傳統手工藝術的製作方法之餘，也好能夠加進現代精神，使它們合乎現代生活的需要；並且給這些體質脆弱的傳統手工藝術行業一個乾淨舒適的空間安置。並且，透過這些傳統手工藝術工作室，讓來這裡散步的民眾藉此重新去認識、去欣賞這些來自於先人的藝術文化；而對這些創作者而言，也能透過與人們更直接接觸的機會再思考、再創作，製造出品質更好的手工藝術，為傳統與現代之間尋得一個傳承、一個對話的方法。

二、整合熱心匠師與收藏家的力量，做好橫向聯繫

藉由本文對手工雕刻之糕餅印模的分析整理，除了希望喚發傳統手工雕刻的裝飾精神與工藝器識，並維護目前趨於低落且瀕於失傳的民族技術，使傳統雕刻匠師的藝術成就，受到社會應有的肯定與尊重；政府及相關單位能鼓勵師傅並且提供比賽，致力提昇民間收藏的價值。於此，提供傳統手工雕刻之糕餅印模鑑賞方法與評估參佐，使能對手工雕刻之糕餅印模收藏及審美能力之提昇有所裨益；並期望建立匠師與收藏家完整的資料與研究報告，以為做好橫向聯繫，使手工雕刻之糕餅印模得以正確保存民間藝術之原貌，並對傳統領域的思考、比較與運用，有著最直接的參佐價值。

三、結合民間宗教信仰與年節文化，廣泛運用媒體，行銷臺灣木刻糕餅印模的特色，引導民眾認識臺灣木刻糕餅印模的民俗藝術價值

國人崇神祀祖的宗教觀念濃厚，以糕餅作為獻祭品來祭拜神靈的需求量大，使得糕餅印模在形制種類上，為因應不同糕餅的製作而顯得豐富多元。可將木刻糕餅印模結合民間宗教信仰與年節文化，來行銷臺灣木刻糕餅印模的特色。亦可將臺灣木刻糕餅印模製作成飾品造型、項鍊造型、手機吊飾造型並推廣，「布袋戲偶」二廳院有做行銷功課賣給觀光客，而「翠玉白菜」翻模作品在故宮博物院成為必買之紀念品，因此建議為糕餅印模也可以如此行銷，成為來臺灣觀光的日本人、外國人必買的收藏之作品。

政府也可極力保存並推廣辦理相關的的活動例如：雕刻的體驗、做餅做粿的體驗等等教育的課程，以食品為導向，木刻糕餅印模為輔，亦可將傳統節慶婚俗所使用的糕餅與印模種類編印成冊，將之推廣流傳，讓大眾對各式糕餅的使用場合、相關典故與民俗意涵等有一基本程度的瞭解。

四、以開闊的胸襟，廣納各方文化，使臺灣木刻糕餅印模藝術在傳統中展現新生機

在中西文化還未開始交流之前，東方和西方各自擁有一套傳承千百年的糕點文化。當中國人在中秋月圓時品嚐月餅之際，歐洲人在不久後的復活節，也埋首於烘焙出一個個復活節蛋糕。或許數千年中的某一時光片段，偶爾會有幾位像馬可波羅一樣出海遠洋的人，會記得將異國的飲食帶回老遠的歐洲故鄉去發揚光大，所以我們發現；原來義大利麵起源於中國，而我們從小吃到大的車輪餅，其實就跟日本的今川燒紅豆餅沒什麼兩樣。既然飲食可以藉由人與文化的傳播，或堅持原味流傳千古，或改變形貌風味，不著痕跡地融入當地生活，那為什麼替糕餅塑形，賦予這些鹹甜糕餅第二生命的糕餅印模，卻總是被侷限於傳統樣式之中。

傳統木刻糕餅印模之所以逐漸式微，與傳統糕餅的不受青睞和其他相關替代產品的興起等有著密切的關係。因此，如何將傳統木刻糕餅印模的造型、紋飾、特性運用在現代潮流中，使其能與現代趨勢相結合，因而得以繼續生存，以不同的風貌再創新局，實為重要的思考方向。。現代人結婚喜用精緻小巧的西式餅乾做為禮餅，此種西式餅乾多為簡單的幾何造形。因此，建議可將印模紋飾改良成如心心相印、小天使、新郎與新娘等現代紋飾，運用在西式禮餅上，增添婚慶的祝福意味。

傳統慶典或生命禮俗時，將寓有吉祥意涵的中國紋飾運用到西式糕餅上，打破一般人的刻板印象與迷思，並靈活運用糕餅乾模型，不但可以增加西式糕餅的視覺美觀，符合中國節慶禮儀應有的民俗意涵，並可突破傳統印模舊有的圖紋規則，為傳統糕餅印模再創新機。

五、臺灣木刻糕餅印模之產品應給予更多創意，使之生動活潑又吸引民眾關注

現今臺灣的飲食型態深受西方及日本影響，使消費者口味走向洋化及日本化，如今的糕餅市場幾乎被西餅所征服，咖啡館如雨後春筍般一直冒出來，但在咖啡館的下午茶套餐中搭配的是西式蛋糕餅乾。而不是臺灣傳統的糕點，又加上喜餅、月餅和日常餅食的西化，使得傳統糕餅日益式微，影響到傳統糕餅印模的使用，如何使臺灣傳統的糕點像日本的和菓子精巧可愛美觀成為我們必須去思考的課題。

　　因此，建議可將傳統糕餅印模的紋飾或造形改變成現代人喜歡的樣式，以其印製方法運用在西式糕點上。如深受小朋友喜愛的糖果、餅乾和巧克力，即可透過印模的壓製，以增加色澤或口味的方式，製作出小朋友喜愛的卡通圖案例如史努比卡通圖案像、Hello Kitty 卡通圖案像、米老鼠卡通圖案像等；在麵包蛋糕上，則可運用印模印製的原理製作出如星座系列型蛋糕，或十二生肖系列蛋糕；亦可運用各式造形的印模來進行麵包、糕餅等的塑形製作，使其造形更趨多元。在月餅方面建議可以發行具有記念性價值的月餅。例如：在月餅盒中有放置一個木刻小餅模，待月餅吃完後木刻小餅模可以留下作為記念。

六、臺灣木刻糕餅印模應建立相關文獻資料庫保存與成立糕餅文化博物館推廣

　　對於糕餅印模的相關文獻資料應進行收錄與彙整，編撰各地有關糕餅、印模的俗稱與術語，讓後人對糕餅文化有更進一步的瞭解。將所收集的資料，作完整的文字、圖像建檔工作，建立相關的研究資料庫。糕餅文化博物館可融入參觀、教學、推廣、實作、啓發等功能，展品陳設更豐富多樣，將糕餅歷史與禮俗的發展做最佳詮釋，導引世人了解糕餅的深厚內涵並進而親近，開創無限寬廣的餅食文化之路。

　　成立糕餅文化博物館，介紹和糕餅文化有關的民俗節慶，可依人生禮俗的需要成立常態性的展覽館，並依月份不同，以「主題展」方式呈現該月的特殊節日，及該節日所需的糕餅粿食和印模種類，如農曆八月的中秋節，介紹中秋月餅的起源、種類、所使用到的印模形式，及月餅所代表的內涵。

　　館中除了對糕餅與印模的歷史作一溯源外，亦可將糕餅的製造過程、使用的印模種類、製成的糕餅模型（或照片），以相互搭配的方式，加以展覽，介紹給社會大眾認識，喚起大眾對本土糕餅文化的重視，使糕餅印模文化得以推廣流傳。

　　筆者曾經參訪過郭元益糕餅博物館，從參訪過程中得到許多關於臺灣手刻糕餅印模珍貴豐碩的知識。在經過百年歲月的淬煉，郭元益為保存中國糕餅珍貴豐碩的歷史資產，並紀念郭欽定、郭施阿巧夫婦一生對郭元益的全心奉獻，遂於 2001 年創設臺灣第一座糕餅博物館〔註 1〕——郭元益糕餅博物館

〔註 1〕郭元益糕餅博物館成立緣由：清穆宗同治六年（西元 1867 年）郭元益先祖自

於桃園楊梅幼獅工業區，陳列餅食世家一百多年來的歷史演變、世代餅藝、糕餅發展、囍餅演進，並結合人生各個階段及節日慶典、婚俗儀禮與糕餅之間的禮俗介紹，首開中國糕餅文化典藏、展覽之先河。

2002 年成立糕餅博物館士林館於士林橋頭之郭元益百年老店原址，融合參觀、教學、推廣、實作、啓發等功能，展品陳設更豐富多樣，將糕餅歷史與禮俗的發展做最佳詮釋，導引世人了解糕餅的深厚內涵並進而親近，開創無限寬廣的餅食文化之路。

福建漳州龍溪縣流傳村渡海來臺，從此落籍士林最早的發源地舊街（即爲現址），以一根扁擔的傳奇經營，讓中國糕餅在臺灣傳承出新，展開餅食文化燦爛的一頁。

承繼過往，開啓未來，郭元益歷經第一代郭樑楨、第二代郭拔秋華路藍縷的創業路，至第三代郭欽定日益茁壯，而於第四代兄弟全心經營中發揚光大，使百年老店日新又新，餅食世家口碑載道。

參考文獻

一、中文部分

專書

1. 中國美術全集編輯委員會編《中國美術全集》繪畫篇、雕塑篇、工藝美術篇，北京：文物出版社，1989 年 6 月。

2. 天津楊柳青畫社《中國吉祥圖案百科》，臺北：笛藤出版社，民國 87 年。

3. 日本柳宗悅著，徐藝乙譯《民藝論》，江西：江西美術出版社，2002 年 3 月，第一版。

4. 片岡巖著，陳金田譯《臺灣風俗誌》，臺北：大立出版社，民國 70 年，初版。

5. 王子輝、王明德《中國古代飲食》，臺北：博遠出版社，民國 78 年。

6. 王仁興《中國年節食俗》，臺北：星光出版社，民國 77 年。

7. 王行恭《臺灣傳統版印》，臺北：漢光出版社，民國 88 年。

8. 王朝聞主編《中國民間美術全集》，臺北：華一書局出版，民國 82 年。

9. 王灝《臺灣人的生命之禮》，臺北：臺原出版社，民國 81 年，初版。

10. 王灝《臺灣人的生命之禮：成長的喜悅》，臺北：臺原出版社，1992 年。

11. 王灝《臺灣人的生命之禮：婚嫁的故事》，臺北：臺原出版社，1992 年。

12. 左漢中，《中國民間美術造型》，湖南：湖南美術出版社，1993 年。

13. 田自秉、楊伯達《中國工藝美術史》，臺北：文津出版社，民國 82 年。

14. 申士垚、傅美琳《中國風俗大辭典》，臺北：國家出版社，民國 85 年 8 月。

15. 立石鐵臣圖，向陽編著《巧筆刻繪生活情》，臺灣民俗圖繪，臺北：臺原出版社。

16. 立石鐵臣繪，向陽文《臺灣民俗圖繪》，臺北：洛城，民國 76 年。

17. 吳山主編《中國工藝美術大辭典》，江蘇：江蘇美術出版社，1999 年 12 月 2 版。

18. 吳瀛濤《臺灣民俗》，臺北：眾文出版社，民國 73 年。

19. 宋龍飛《民俗藝術探源》，臺北：藝術家出版社，1985 年。

20. 李秀娥編撰《祀天祭地 現代祭拜禮俗》，臺北：博揚文化，民國 88 年。

21. 李建華、楊晶譯，杉浦康平原著《造型的誕生》，臺北：雄獅圖書，1998 年。

22. 李祖定主編《中國傳統吉祥圖案》，上海：科學普及出版社，1992 年。

23. 李蒼彥編《中國吉祥圖案》，臺北：南天書局，1998 年。

24. 林川夫《民俗臺灣》第 1～7 輯，臺北：武陵出版社，1995 年。

25. 林明德《匠心獨運 臺灣工藝之美——民族工藝大展圖錄》，臺北：中華民俗藝術基金會出版社，1997 年。

26. 林明德《臺灣工藝地圖》，臺中：星辰出版社，民國 92 年。

27. 林明體《嶺南民間百藝》，廣東：廣東人民出版社，1993 年。

28. 林衡道《臺灣的歷史與民俗》，青文出版社，民國 67 年。

29. 法國盧梭著，李平漚譯《愛彌兒（上、下，中譯本）》，北京：商務印書館出版社，1978 年 6 月，第一版。

30. 邱德宏、王灝《臺灣年俗》，臺北：聯經，民國 88 年。

31. 金關丈夫等編《民俗臺灣》第 1～43 號（1 卷 1 號～5 卷 1 號），東都書籍臺北支店發行，1941 年～1945 年，臺北：南天書局重印完整版第 1～44 號，1998 年。

32. 長春樹書坊《中國古典花樣圖案畫典》，臺北：長春樹書坊（民國 87 年）。

33. 凌志四《臺灣人民俗：民俗文物》，臺北：橋宏，2000 年。

34. 凌志四《臺灣人民俗：社會生活與風俗》，臺北：橋宏，2000 年。

35. 凌志四主編《臺灣民俗大觀》，臺北：大威，民國 74 年。

36. 凌志四編撰《臺灣人民俗》（第一冊），臺北：大威，民國 89 年。

37. 凌志四編撰《臺灣人民俗》（第二冊），臺北：大威，民國 89 年。

38. 凌純聲《中國與大洋洲的龜祭文化》，臺北：揚文，民國 73 年。

39. 席德進《中國民間美術》，臺北：雄獅，第十版，民國 82 年。

40. 席德進《臺灣民間藝術》，臺北：雄獅美術，民國 78 年。

41. 徐福全主稿《臺灣民間藝術臺灣民間祭祀禮儀》，新竹：臺灣省新竹社會教育館，民國 85 年。

42. 高星《中國鄉土手工藝》，西安：陝西師範大學出版社，2003 年 12 月。

43. 高橋宣治編譯《中國紋樣》，臺北：藝術圖書公司，1995 年。

44. 國立傳統藝術中心籌備處編《傳統藝術研討會論文集》，臺北：國立傳統藝術中心籌備處。

45. 國立歷史博物館編《臺灣常民文物展——信仰與生活》，臺北，2001 國立歷史博物館，2/1998。

46. 張紫晨《中國民俗與民俗學》，臺北：南天，1995 年。

47. 張道一主編《中華圖案五千年》（第二輯），臺北：美工科技，2001 年。

48. 張道一主編《中華圖案五千年》（第三輯），臺北：美工科技，2001 年。

49. 張道一主編《中國民間美術概論》，臺北：漢聲，民國 81 年。

50. 莊伯和《工藝與現代生活美學，臺灣工藝之美——民族工藝大展圖錄》，臺北：中華民俗術基金會出版，1997 年。

51. 莊伯和《臺灣民間吉祥圖案》，臺北：傳藝中心籌備處，民國 90 年。

52. 莊伯和《臺灣民藝造型》，臺北：藝術家，1994 年

53. 莊伯和《臺灣傳統工藝》，臺北：漢光，民國 87 年。

54. 莊伯和《民俗美術探訪錄》，臺北：藝術家，民國 84 年。

55. 莊伯和《民間美術巡禮》，臺北：雄獅美術，民國 69 年。

56. 莊伯和、徐韶仁合著《臺灣傳統工藝之美：臺灣工藝論、原住民工藝技術》，臺中：晨星出版社，民國 91 年。

57. 野崎誠近，《中國吉祥圖案：中國風俗研究之一》，臺北：古亭書屋，民國 83 年，初版。

58. 陳正之《臺灣的傳統民間工藝》，南投：臺灣省政府新聞處編印，民國 85 年 6 月。

59. 陳正之《臺灣歲時記》，臺中：臺灣省政府新聞處，民國 86 年 3 月。

60. 陳瑞隆《臺灣生育冠禮壽慶禮俗》，臺南：世峰，1998 年。

61. 陳瑞隆《臺灣風俗習慣》，臺南：裕文堂書局，民國 86 年 1 月。

62. 喬繼堂《中國人的歲時節慶》，臺北：知道，1994 年。

63. 喬繼堂《吉祥物在中國》，臺北：知道，1993 年。

64. 惠西成、石子編《中國民俗大觀》（上冊），臺北：漢欣文化事業有限公司，民國 82 年 2 月。

65. 曾永義《臺灣的民俗技藝》，臺北：臺灣學生，1989 年。

66. 曾永義編著《鄉土的民族藝術》，臺北：行政院文建會，民國 77 年。

67. 湖南美術社《湖南民間美術全集——民間雕刻》，臺北：棠雍圖書（民國 84 年）。

68. 黃志農《談傳統工藝維護二三事　臺灣工藝之美——民族工藝大展》，臺北：中華民俗藝，1997 年。

69. 楊學芹、安琪《民間美術概論》，北京：北京工藝，1994 年 8 月，第 1 版 2 刷。

70. 鈴木清一郎著，高賢治、馮作民編譯《臺灣舊慣習俗信仰》，臺北：眾文圖書公司，民國 67 年。

71. 廖漢臣《臺灣的年節》，南投：臺灣省文獻委員會，民國 62 年。

72. 劉文三《臺灣早期民藝》，臺北：雄獅圖書股份有限公司，1979 年。

73. 劉文三《臺灣宗教藝術》，臺北：雄獅圖書股份有限公司，1995 年 8 月。

74. 鄭文章《臺灣早期飲食器物》，臺南：臺南縣政府文化局，2002 年。

75. 簡榮聰《臺灣客家農村生活與農具》，南投，臺灣省文獻委員會，1991 年 12 月。

76. 簡榮聰《臺灣傳統農村生活與文物》，南投：臺灣省文獻委員會，1992 年。

77. 簡榮聰《臺灣粿印藝術：臺灣民間粿糕餅糖塔印模文化藝術之研究》，臺北：漢光文化，1999 年。

學位論文

1. 郭藤安《祭祀食用供品色彩文化之研究——以臺南神廟祭典為例》，臺南：成功大學工業設計研究所，民國 88 年。

2. 鄭淑君《傳統木製糕餅印模之研究——以臺南市傳統餅舖和文物館現存印模為例》，臺南：國立成功大學藝術研究所，1999 年。

3. 鐘宇翡《詠植物詩中吉祥觀初探》，臺南：成功大學歷史語言研究所，民國 79 年。

期刊資料

1. 全真《臺灣的木雕工藝》，《臺灣博物》第 11 卷第 2 期，1992 年，頁 62～63。

2. 吳季芬《喜氣洋洋話喜餅》，《民俗曲藝》第 45 期，1987 年，頁 118～122。

3. 呂清夫《有誠斯有美——工藝縱橫談》，《臺灣美術》臺中，第 14 期。

4. 宋龍飛《從民俗中探尋龜祭文化的根》，臺北：藝術家，第 60 期，民國 69 年。

5. 林承緯《生育禮俗中的吉祥物與民間價值》，《臺灣文獻》第 54 卷第 2 期，2003 年 8 月，頁 114～146。

6. 姚漢秋《談民俗用具、食物的消逝與保存（下）》,《臺灣文獻》第 33 卷第 4 期, 1982 年 12 月, 頁 105～143。

7. 姚漢秋《談民俗用具、食物的消逝與保存（上）》,《臺灣文獻》第 33 卷第 3 期, 1982 年 9 月, 頁 133～152。

8. 洪雀《年糕與年粿》,《今日中國》第 129 期, 1982 年, 頁 118～119。

9. 胡碧華《婚禮中的器物象徵》,《民俗曲藝》第 45 期, 1987 年, 頁 113～117。

10. 陳宗文《臺灣的訂婚禮餅分贈戚友在現代民族學上的功能》,《邊政學報》第 5 期, 1966 年, 頁 35～37。

11. 廖素慧、盧祥華、林長弘《臺灣傳統點心食具研究》,《臺灣手工業》第 58 期, 1996 年 4 月, 頁 42～68。

12. 劉平《迎中秋話月餅》,《民間知識》第 650 期, 1985 年, 頁 20～21。

13. 蔡懋堂《關於「陰墓粿」及「潤餅」》,《臺灣風物 1》第 7 卷第 4 期, 1967 年, 頁 35。

14. 簡榮聰《臺灣傳統的生育民俗與文物》,《臺灣文獻》第 42 卷第 2 期, 1991 年, 頁 267～292。

二、外文部分

1. Aldrich Virgil C. 1991《藝術哲學》, 初版, 周浩中（譯）, 臺北：水牛圖書出版。

2. Kohei SUGIURA. 1998《亞洲的圖像世界》, 初版, 莊伯和（譯）, 臺北：雄獅圖書出版。

3. Roland Barthes. 1992《符號學美學》, 初版, 董學文、王葵（譯）, 臺北：商鼎文化出版。

4. Carl G. Jung. 1993《實用吉祥寶典》, 龔卓軍譯, 中國北京：團結出版社。

5. Rudolf Arnheim. 1981《美學（一）》, 長俊譯, 臺北：里仁書局。

6. Victor Turner. 1976《藝術與視覺心理學》, 楊麗中譯, 作者自印。

7. 1991《中國符號字典——隱藏在中國人生活與思想中的象徵（中國文化象徵詞典）》, 中國湖南：湖南文藝出版社。

8. Felice Hodges、Emma Dent Coad、Anne Stone、Penny Sparke、Hugh Aldersey-Williams 原著, 李玉龍、張建成譯《新設計史》, 臺北：六合（民國 84 年）。

9. Regina Hsueh and Wen-Bin Wu 著, Jian Zhu 編輯《中國的節日與民俗》, 臺北：師大書苑（民國 87 年）。

10. TANKO SPECIALISSUS《和菓子四季を彩る茗菓と器》，株式會社淡交社。

11. 《かたち誕生》，杉浦康平著，日本放送出版協會，1997 年。

12. 《めくるめきの藝術工學》，杉浦康平著，工作舍，1998 年。

13. THE FOLK ART MOULD-MAKING OF THE CHINA，中國湖南：湖南美術出版社。

20. Franklin, Krause publications An F&W publications Company 1960 A. The Rites of Passage; U.S.A. Chicago: The University of Chicago Press.

21. 2006 BEYOND AMERICAN FOLK ART: THE EMERGENCE OF FOLK ART AS A MUSEUM OBJECT, 1924-2001; Michael Lawrence Murray A DISSERTATION in FOLKLORE AND FOLKLIFE: Presented to the Faculties of the University of Pennsylvania in Partial Fulfillment of the Requirements for the Degree of Doctor of Philosophy.

22. 300YEAR OF Kitchen Collectibles 5th Edition, 2003 by Linda Campbll.

三、電子資料

1. 中華百科全書：http://living.pccu.edu.tw/chinese/index.asp。

2. 百科知識網：https://www.wordpedia.com/search/adv.asp?t=1。

3. 國際民間藝術組織 IOV（Internationale Organisation Fur Volkskunst）：http://www.iov.org.tw/。

4. 紅龜粿糕之美：http://www.town-all.org.tw/95eBooks/inside_ee_detail21_92.asp?BID=92-117。

5. 糕餅粿同盟會：全自動印餅機——樂多日誌：
http://blog.roodo.com/taiwancake/archives/2445907.html。

6. 知識寶庫：http://www.54power.com/54power/knowledgepools/B860HA4E9H_A4A4HB0EAH.htm。

7. 紅龜粿糕之美：
http://myweb.hinet.net/home4/larry0423/larry1/htm/beauty.htm。

8. 和菓子作りの道具・書籍の紹介：http://hinatan.cool.ne.jp/buy.htm。

9. 和菓子の道具：http://www.kanshundo.co.jp/museum/yogo/kuromoji.htm。

10. 和菓子の最前線：http://www1.ocn.ne.jp/~kumatin/。

11. 和菓子道：http://www.fujitv-mirai.com/category/cooktl_wagashi.html。

附　錄

附錄一：田調問卷【店家及師傅】

編號：附錄 1-1-1	訪問時間：95/3/27	地點：台中	訪問者：陳玉玲

店　　名	源豐工藝社鄭永斌師傅
住　　址	臺中縣太平市
電　　話	04-23935857　　0933-427605
創立時間	民國六十九年

習藝傳承	民國六十一年國小畢業與黃慶華師傅習藝 民國六十三年於桃園大溪從事廟宇木作雕刻與神桌雕刻並因此習得木雕之基本技法 民國六十九年正式投入食品模具雕刻至今	習藝傳承表

習藝傳承表：

A 黃慶華 → □、B 林德金
B 林德金 → C1、C 游有義
C1 → D4、D3
C 游有義 → D2、D1 游有成

傳承系統	D1、	姓名：鄭永斌	師承：郭文興	學藝時間：二年數個月
		籍貫：臺灣臺中	代表作品：大型的朱紅色四面粿模	
		年齡：44 歲		
	C、	姓名：郭文興	師承：－	學藝時間：－
		籍貫：－	代表作品：－	
		年齡：－		
	B、	姓名：－	師承：－	學藝時間：－
		籍貫：－	代表作品：－	
		年齡：－		

固定合作之團體或對象：
迪化街洪春梅食品材料行及其他二十多間的材料行（臺東、宜蘭、花蓮、外島還沒有合作之團體）大部份的合作對象在北部及中部居多。

本店之特色：
源豐工藝社所製作的印模件件手工雕刻，件件皆是師傅巧思巧藝之作，又富創新變化並具收藏價值。

備註：

重要 製作材料	1 樟木　　　　5 紅檜木 2 烏心石木　　6 進口非洲柏木 3 楠木　　　　7 進口沙比利木 4 肖楠木	
取得方式	印模製作材料，原先是以為烏心石木為大宗，因為它的木理均勻細緻、富光澤、木質堅硬、強韌、易乾燥、不易劈裂，徑斷面具特殊花紋，加工性適中，釘著力強、塗裝性佳，非常適合製作粿印，臺灣早期許多家具也都使用此木材，直到臺灣禁止開墾林林之後，木材原料就得從世界各國進口，包括非洲、越南的烏心石木等。我覺得實用性很重要，有關製作印模的材料，目前最常見、為數最多的是木製粿印，材料可包含樟木、烏心石木、楠木、肖楠木、紅檜木等。	
製作過程	一、構思過程（參考資料、文物） 　　從眾多的印模圖案中可以發現，它們都具有吉祥、祈福的象徵意義，其中為數較多者為「福龜印模」與「壽桃印模」，一般人常提到的紅龜粿，即是印有龜的圖案，龜在中國文化具有相當悠久的歷史，自古即是廣受尊敬的動物出現頻率頗高，例如殷商時代的甲骨文字，乃是刻畫在龜甲或牛骨的貞卜文字，周朝有官名稱為「龜人」，專門掌管卜筮，又有以龜當作錢幣使用的古例，漢朝之官印常刻龜形的印鈕，銅鏡上常刻上龜的圖案，唐朝的官職佩掛的龜袋，是作為官服的飾物，在在可見龜受到的重視。 　　壽桃即是「蟠桃」，作為長壽之象徵，在古代有桃符、桃板，有具避邪之效，民間故事中也有「西王母蟠桃獻壽」、「孫悟空偷吃蟠桃」的故事，蟠桃的形態諸多不同，但都是基於長壽、吉祥的理念。 　　通常粿印側面雕有小型的圓圈，稱之為「連錢紋」，表示古錢連貫的紋樣，含有子孫繁衍不息的意思；另一面雕有小型的「魚型圖」，象徵年年有餘。 　　除此之外還包括：元寶、菊花、蝙蝠、荔枝、石榴、花果、龍鳳、及人物等諸多圖案，（鄭永斌師傅一一展示，並訴說自己製作及收藏印模式的各種圖案，令我大開眼界）。 二、手稿 　　我保留了許多古樣式花草圖案的手稿資料。 三、製作步驟： 　　1. 首先是備料： 　　　準備要雕製的木材原料，目前原料大多來自於豐原木材集散市場。 　　2. 其次是最外形： 　　　將取得的原料依欲製作的印模種類，將外形描繪至木材上，再用線鋸機鋸出外形。 　　3. 第三是磨平： 　　　用手刨機把粗糙的木頭磨平，再放進自動刨削機，削掉兩邊多餘的木材。 　　4. 第四是刨空： 　　　用刨花機挖出中空的木塊及修邊與鑽氣孔。 　　5. 第五是打樣、雕刻： 　　　將欲刻製的圖案描繪至模面上，接下來就是一刀一刀在印模上刻畫出具傳統藝術之美麗的圖案，這也是製作過程中最為艱難、最具價值、最能顯現真功夫之處。 　　6. 最後是刨光： 　　　將完成的印模作品作細部的磨砂處理，即大功告成。	

代表作品	1.地點：源豐工藝社 2.製作時間：1999 年及 2000 年 3.目前保存狀況：良好 4.收藏者：鄭永斌印模雕刻師傅
傳藝情形	技術傳承是個大問題，現在的人沒人要學這門技術手藝了，找不到徒弟也是沒有辦法的事。二十歲的女兒十五歲的兒子我都不希望他們走這一行，因為要考慮市場及出路的問題。
銷售管道	成品的銷售分布臺灣各地，大多是批發至食品原料批發商，然後再銷售到各食品行，當然也有部分是食品行直訂製或購買，多以實用性為主；用以收藏裝飾則為數較少。由於塑膠製品的大量製作，木製粿印的需求量也受到影響，但內行人還是喜歡且習慣使用木製粿印，所以還有一定的需求供應量。不同於過去農村社會裡，家家戶戶逢年過節做粿、印糕仔習俗下的大量需求，現在僅剩中秋佳節，才有大量印模的需要，因此通常中秋之前也都是我們的大日子，會是我最忙的一段日子。
未來展望	我很高興現今有學生、研究生去關心木雕印模這行業。若是以後有機會有能力，我期許自己可以成立一間木雕印模博物館，讓常長久以來收集的印模及作品呈現在世人面前。大家一起推動這民間工藝，是我很大的期望，你論文寫完要寄一本與我分享喔！！ 

附錄二：田調訪談記錄表【店家及師傅】

田野調查的訪問問題 8/27、8/28
一、師承狀況（傳承系統）
二、學藝動機
三、學藝時間
四、學藝過程
五、宗教信仰與職業神
六、有無固定合作之團體或對像
七、有無收集舊文物（文物登錄表使用）
八、重要製作材料及取得方式
九、專長絕活及製作技法與過程（製作技法與過程表使用）
十、工具的總類（工具登錄表使用）
十一、重要作品及代表作品（作品分析表使用→形式層面分析） 　　　　　　　　　　　　　　　　　　　　　↘內涵層面分析）
十二、傳藝情形
十三、銷售管道及收入情形（今昔對照）
十四、所屬團體
十五、得過獎項
十六、願否薪傳
十七、未來展望
印模臺中鄭永斌師傅
一、印模的雕刻材料何種木材最適合？（例如：檜木、樟木、楠木）
二、印模的形制美為何？（例如：厚薄、單面、雙面、有柄、無柄）
三、印模的雕刻技法為何？（例如：粗胚、先雕正面、再雕反面、側面）
四、印模的雕刻工具為何？（例如：平口刀、斜口刀、圓口刀）
五、印模的雕刻程序為何？（例如：草圖→粗胚→修整）
六、印模的雕刻圖案美與民俗意義為何？（例如：龜形紋、龍鳳紋）
七、印模的雕刻與傳統的廟宇木雕有何不同之處？
八、除了陰刻陽刻不同刻法還有其他異同之處？
九、刀子有柄與無柄的分別？
十、餅、粿、糕的重量與模子大小有關，如何知道模子要刻多大多小？

附錄三：田調問卷記錄表【店家及師傅】

編號：附錄 3-1-1	訪問時間：94/8/27	地點：臺中太平	訪問者：陳玉玲

※問：鄭師傅請問您師承狀況（傳承系統）及學藝動機？

　答：與多數從事手工藝術的人一樣，國中畢業以後，接受學校的安排至國民就業輔導中心學習，就業輔導中心安排我到高雄的木雕工廠跟著郭文興師傅（高雄崎山人）學木雕窗花雕刻，那時的木雕窗花都外銷南美洲、非洲，二年後，我到桃園大溪從事廟宇木作雕刻，與神桌雕刻並因此習得木雕之基本技法，我曾在三義及大溪待了一段時間，但廟宇的工作並不穩定，在民國六十九年時來到臺中游師傅那裡工作，共待了約七年的時間，我正式投入印模模具雕刻至今。我入行已有二十年多了，我估計目前全省糕餅店使用的印模，大概最少有三分之一的成品出自我的手裡。

※問：鄭師傅請問您學藝時間約多久？

　答：我學藝的時間約二年多，剛剛開始時要從磨刀子開始，後來學習雕刻，技術愈來愈熟練就加入一些自己想出來的新技法技術，是我，前一、二年都要被綁著幫忙賺錢，後來到臺中游師傅那裡工作，是顧約制，共待了約七年的時間，後來就自己創業。

※問：鄭師傅請問您的有無固定合作之團體或對像？

　答：除了迪化街洪春梅食品材料行及其他二十多間的材料行（臺東、宜蘭、花蓮、外島還沒有合作之團體），大部份的合作對象以北部及中部居多，成品的銷售分布臺灣各地，大多是批發至食品原料批發商，然後再銷售到各食品行，當然也有部分是食品行直訂製或購買，這些是以實用性為主；不過也有以收藏裝飾為主，但是為數較少。由於塑膠製品的大量製作，粿印的需求量也受到影響，但由於傳統食品行內行人還是喜歡且習慣使用木製粿印，所以還是有一定的需求供應量。

※問：鄭師傅請問您的製作材料及取得方式？

　答：我覺得實用性很重要，有關製作印模的材料，目前最常見、為數最多的是木製粿印，木質可包含樟木、烏心石木、楠木、肖楠木、紅檜木等；其他還包括磚土燒製成的磚胎模印、陶瓷窯低溫燒製成的陶質模印、陶瓷窯高溫燒製的姿質模印、錫鋁合金製成的金屬模印等。在實用上仍是以木製模印為糕餅業者所普遍接受，其他各材質流通性較小。

　　　早期是以烏心石木為大宗，因為它的木理均勻細緻、富光澤、木質堅硬、強韌、易乾燥、不易劈裂，徑斷面具特殊花紋，加工性適中，釘著力強、塗裝性佳，非常適合製作印模，臺灣早期許多家具也都使用此木材，直到臺灣禁止開墾林林之後，木材原料就得從世界各國進口，包括非洲進口非洲柏木、進口沙比利木、越南的烏心石木等。

※問：鄭師傅請問您的印模製作技法與過程？

　答：要如何完成一件粿餅印模作品呢？我特別詳細的介紹製作過程：

　　1. 首先是備料：
　　　也就是準備要雕製的木材原料，目前原料大多來自於豐原木材集散市場。

　　2. 其次是最外形：
　　　將取得的原料依欲製作的印模種類，將外形描繪至木材上，再用線鋸機鋸出外形。

　　3. 第三是磨平：
　　　用手刨機把粗糙的木頭磨平，再放進自動刨削機，削掉兩邊多餘的木材。

　　4. 第四是刨空：
　　　用刨花機挖出中空的木塊。

5. 第五是打樣、雕刻：
　　將欲刻製的圖案描繪至模面上，接下來就是一刀一刀在印模上刻畫出具傳統藝術之美麗的圖案，這也是製作過程中最為艱難、最具價值、最能顯現功夫之處。

6. 最後是刨光：
　　將完成的印模作品作細部的磨砂處理，即大功告成。

※問：鄭師傅請問您的印模雕刻工具為何？

　答：刀子都是跟大東（鹿港）、工和（最早的刀子店）、新工和（鹿港民生路）訂製的，厚的刀子刻粗胚，薄的刀子修細胚，要利一點的刀子才可修。什麼圖形選擇什麼樣刀子是經驗的累積。有尖尾刀、斜口刀（用最多）、三角刀、V 字刀（刻雙喜時用）、大圓刀、小圓刀、大大小小的平口刀，我的刀子目前約有 70～80 枝。

※問：鄭師傅請問您的印模圖案來源及參考樣式為何？

　答：我保留了許多古樣式花草圖案的手稿資料。從眾多的印模圖案中可以發現，它們都具有吉祥、祈福的象徵意義，其中為數較多者為「福龜印模」與「壽桃印模」，一般人常提到的紅龜粿，即是印有龜的圖案，龜在中國文化具有相當悠久的歷史，自古即是廣受尊敬的動物出現頻率頗高，例如殷商時代的甲骨文字，乃是刻畫在龜甲或牛骨的貞卜文字，周朝有官名稱為「龜人」，專門掌管卜筮，又有以龜當作錢幣使用的古例，漢朝之官印常刻龜形的印鈕，銅鏡上常刻上龜的圖案，唐朝的官職佩掛的龜袋，是作為官服的飾物，在在可見龜受到的重視。
　　壽桃即是「蟠桃」，作為長壽之象徵，在古代有桃符、桃板，有具避邪之效，民間故事中也有「西王母蟠桃獻壽」、「孫悟空偷吃蟠桃」的故事，蟠桃的形態諸多不同，但都是基於長壽、吉祥的理念。
　　通常粿印側面雕有小型的圓圈，稱之為「連錢紋」，表示古錢連貫的紋樣，含有子孫繁衍不息的意思；另一面雕有小型的「魚型圖」，象徵年年有餘。除此之外還包括：元寶、菊花、蝙蝠、荔枝、石榴、花果、龍鳳、及人物等諸多圖案，（鄭永斌師傅一一展示，並訴說自己製作及收藏印模式的各種圖案，令我大開眼界）。

※問：鄭師傅請問您覺得印模雕刻與一般木雕最大的差異性在那裡？

　答：廟宇雕刻技巧較高，有的是浮雕、有的是立體雕刻，印模的雕刻和一般的木雕不一樣的地方在於它是陰雕成形，遇到文字時還要左右相反，木雕則以陽刻居多；雖然目前雕製這些印模已有部份機器輔助，但細膩的線條花紋還是要靠手工下去精雕。雖然也有人用塑膠或鍛鐵翻模成型，但都不如傳統木雕的線條稜角有致和耐用，所以我覺得還是手工雕刻最有美感最耐看。

※問：鄭師傅請問您的銷售管道及收入情形？

　答：成品的銷售分布臺灣各地，大多是批發至食品原料批發商，然後再銷售到各食品行，當然也有部分是食品行直訂製或購買，多以實用性為主；用以收藏裝飾則為數較少。由於塑膠製品的大量製作，木製粿印的需求量也受到影響，但內行人還是喜歡且習慣使用木製粿印，所以還有一定的需求供應量。不同於過去農村社會裡，家家戶戶逢年過節做粿、印糕仔習俗下的大量需求，現在僅剩中秋佳節，才有大量印模的需要，因此通常中秋之前也都是我們的大日子，會是我最忙的一段日子。

※問：鄭師傅請問您的銷售行情？

　答：價格的訂定：我與游師傅有商量價格統一，臺北的陳師傅因慢工出細活，所以價格可能高一點，目前印模行情餅重 1.2 兩或 1.5 兩的一支約 800 元，一支是一個圖案。糕模才可以刻很多個圖案。有觀賞、也有針對客人實用需求刻的、也有客人設計好商標圖形再給我刻的，所以價格絕不能亂定，不然客人會反彈。

※問：鄭師傅請問您的有無收集舊文物？

答：有！有！很多很多，我收集了十多年的餅模、粿模、糖模印模。(熱情的鄭先生拿出許多他收藏的老的印模出來給我欣賞、拍照、做記錄)，我這些印模都是出自民間，花紋、線條、圖案都非常生動，而歲月痕跡更呈顯它的樸拙美麗，(他也拿出他自己刻的印模，並如數家珍的說明) 我一一介紹讓你了解各種印模模的形制，有糕仔印，紅龜粿印，月餅、喜餅模等，四方形的南部餅多送到屏東，而「三斤」的大餅模都是新竹來訂的，而比較特別的豬、雞、魚形的糕餅印模，是中元節用來做代替三牲禮的。舊的模子四面都有圖案，木頭充份利用，粿模則雙面使用，也有做三面的，糕模才需要打洞要透氣讓糕ㄚ可以敲出來。在日據時代「連錢紋」很流行俗稱「ㄎㄢˋ啊」！也很流行龜、尖桃、圓桃這些圖形。

※問：請問鄭師傅您對技藝的傳承有何展望，會希望子女接衣缽嗎？

答：說到技術傳承是很感傷的，現在的人沒人要學這門技術手藝了，找不到徒弟也是沒有辦法的事。二十歲的女兒十五歲的兒子我都不希望他們走這一行，因為要考慮市場及出路的問題。

※問：鄭師傅您從事印模雕刻遇到最大的難題是什麼？

答：面對時代的變遷，我覺得有幾許的無奈，近來還有人從大陸進口了大批的木刻印模，因為做工粗糙，刀工不乾淨，雕工草率，反應不佳，而且做生意信用很重要，大陸人做生意較沒信用，土地太大、商譽太差、又時常收不到錢。並沒有造成太大的衝擊，但是假以時日，恐怕終必造成威脅。反正我都還能做，能做多久就做多久了。而且我心中總有一股傳承的使命支持著，若無使命感支持我恐怕也已經轉業到他行去了。

※問：鄭師傅請問您對於這行業這份工作最大的期望是什麼？

答：我很高興現今有學生、研究生去關心木雕印模這行業。若是以後有機會有能力，我期許自己可以成立一間木雕印模博物館，讓常長久以來收集的印模及作品呈現在世人面前。大家一起推動這民間工藝，是我很大的期望，你論文寫完要寄一本與我分享喔！

（本論文作者口訪記錄）